Rolf Krenzer

# Wir spielen unseren Glauben

Rolf Krenzer

# Wir spielen unseren Glauben

## Kleine biblische Theaterstücke für Kindergarten und Grundschule

Lahn-Verlag Limburg

Die Deutsche Bibliothek – CIP-Einheitsaufnahme

**Krenzer, Rolf:**
Wir spielen unseren Glauben: Kleine biblische
Theaterstücke für Kindergarten und Grundschule /
Rolf Krenzer. –
Limburg: Lahn-Verlag, 1999
ISBN 3-7840-3185-4

Gedruckt auf chlorfrei gebleichtem,
umweltfreundlichem Papier.

e verlags gruppe engagement


Lektorat: Ursula Mock
Zeichnungen: Dagmar Domina
Litho: Limburger Offsetdruck
Satz: Schröder Media, Dernbach
Notensatz: Nikolaus Veeser, Schallstadt
Druck und Bindung: Pustet, Regensburg
Printed in Germany


ISBN 3-7840-3185-4

# Inhalt

* = sehr einfach, Kindergarten
** = älteste Gruppe i. Kindergarten, Grundschule
*** = etwa 3./4. Schuljahr

## SPIELE ZUM NEUEN TESTAMENT

### Jesus wird geboren



### Jesus findet Freunde

# Jesus erzählt

## Jesus hilft und heilt



## Jesus lebt weiter

# Vorwort

Ein von vielen Kindern aufgeführtes Spiel in einem Familien- oder Schulgottesdienst, im Religionsunterricht oder zu einer Veranstaltung im Kindergarten stellt immer ein ganz besonderes Ereignis dar und kann bewirken, dass daraus ein wirkliches Fest entsteht.
Viele religiöse Spiele – besonders mit Themen aus dem Neuen Testament – führen direkt in ein solches Fest. Wenn der barmherzige Vater seinen verloren geglaubten Sohn wiederfindet, feiert er ein Fest, ebenso der Hirte, der sein Schaf endlich wieder hat. Im Gleichnis lädt der Mann zu einem großen Festmahl ein, und was an Weihnachten und Ostern geschah, wird überall in der Welt gefeiert.
Auch wenn es in diesen Geschichten am Ende nicht immer das laute, allen zugängliche Fest ist, so ist es doch für den Einzelnen ein ganz besonderes Ereignis in seinem Leben: Ein Festtag z.B. für Bartimäus, der wieder sehen kann, für den Mann am Teich Betesda, ein Festtag auch für Zachäus, der sich endlich dazu durchgerungen hat, sein Leben zu ändern.
Ein Festtag auch für Gott, als er die Welt erschaffen hat und sieht, wie schön sie ist. Auch für Noah nach seiner Rettung, als Gott ihm den Regenbogen zeigt als Versprechen für alle Zeiten für den Bund Gottes mit den Menschen.
Geschichten also aus der Bibel, die Freude machen und von Festen erzählen. Gerade solche Geschichten eignen sich besonders, mit Kindern in ein Spiel umgesetzt zu werden. Das Nachspielen beinhaltet so viel kreatives Handeln, dass unvergessliche Erlebnisse geschaffen werden können. So wird das Spiel für das Kind zu einem Fest, weil es sich mit allen ihm eigenen Kräfte einbringen kann und erleben darf, wie schön es ist, gemeinsam mit anderen ein Spiel zu wagen und es vielleicht sogar einmal anderen vorzuspielen. Inhalte, die in ein Spiel transponiert werden, behalten diesen starken Erlebnischarakter und sind auch später wieder viel eher abrufbar als solche, die nur in Geschichten oder mit Bildern an das Kind herangetragen werden.

### Spiele zum Alten Testament

Die vorliegende Sammlung stellt exemplarisch zwei Geschichten aus dem AT mit unterschiedlichen Spielangeboten vor: Die Schöpfungsgeschichte als zentrale Geschichte überhaupt (4 Spiele) und die Ge-

schichte von Noah und der Arche (2 Spiele). Viele weitere Geschichten aus dem Alten Testament lassen sich zu Spielliedern entwickeln und werden in den beiden Liederbüchern angeboten:
»Das große Liederbuch von Rolf Krenzer« (ISBN 3-7840-3074-2) und »Gottes guter Segen« (ISBN 3-7840-3118-8), die beide im Lahn-Verlag erschienen sind. Große Spiele zum AT mit vielen Liedern werden auch vom Peter Janssens Musik Verlag angeboten:
»Josef zwischen Wohlstaat und Armewelt« – »Noah unterm Regenbogen« – »Josua« – »Gott zieht vor uns her« (Zug durch die Wüste) – »Auf geht's, Abraham!« – »Bye, bye, Jona« – »Der Turm« (Turmbau zu Babel).
Ein Musikspiel um »Mose« erschien im Schalom-Verlag, Martin Göth, Passau.

**Spiele zum Neuen Testament**

Den wesentlichen Raum in dieser Sammlung nehmen die Spiele zu den bekanntesten Geschichten um Jesus ein. Geschichten aus dem Leben Jesu und Gleichnisse, die Jesus erzählte, um das zu verdeutlichen, was er den Menschen sagen wollte.
Diese Spielgeschichten werden in unterschiedlich schwieriger Form angeboten. Eine Orientierungshilfe können die im Inhaltsverzeichnis bei den Titeln angegebenen Schwierigkeitsgrade von * bis *** sein.
* = sehr einfach, gut im Kindergarten einzusetzen
** = älteste Gruppe im Kindergarten und Grundschule
*** = anspruchsvoller, etwa 3./4. Schuljahr
Zu vielen Geschichten findet man einfache Spiellieder mit ebenso einfachen Angeboten für gestalterische Möglichkeiten. Daneben stehen aber auch kleinere Rollenspiele mit einfachen Dialogen und Szenen. Fast immer ist ein Erzähler/eine Erzählerin eingebaut, die durch die Handlung führt und den Spielern Hilfe für den richtigen Einsatz gibt. Diese Rolle sollte von einer/einem Erwachsenen wahrgenommen werden (Erzieher/in, Lehrer/in).
Das Angebot für die Adventszeit – dafür werden erfahrungsgemäß immer wieder Spiele gesucht – reicht vom einfachen Spiellied, das auf seine Weise die Weihnachtsgeschichte erzählt, bis hin zu Weihnachtsspielen mit mehreren Liedern, die von Erwachsenen und Kindern gemeinsam eingeübt und aufgeführt werden können.
Weitere Theaterstücke und Lieder für die Adventszeit bietet das Buch »Wer geht mit nach Betlehem?« (ISBN 3-7840-3096-3) und in der Sammlung »Die Weihnachtsmusikanten« (ISBN 3-7840-3097-1)

gibt es zahlreiche Lieder, sie sich zu kleinen weihnachtlichen Spielen gestalten lassen.
Verwiesen sei noch auf zwei große Weihnachtsspiele »Was macht die Maus im Krippenstroh?« (ISBN 3-7840–3137-4) und »Geht ein Leuchten durch die Zeit« (ISBN 3-7840-3119-6). Die Musik zu diesen Weihnachtsspielen wie zu dem großen Spiel »Jesus, Freund der Kinder« (ISBN 3-7840-3144-7) hat Martin Göth geschrieben. Alle sind mit MC/CD im Lahn-Verlag Limburg erschienen.

# SPIELE ZUM ALTEN TESTAMENT

# Wie die Welt entstanden ist
Ein Spielgedicht zur Schöpfungsgeschichte

In der uralten Geschichte, die von Gott, dem Schöpfer, und seiner Schöpfung, von seinen Geschöpfen und den Menschen erzählt, die Teil seiner Schöpfung sind, wird bereits deutlich, dass uns Gott seine Erde anvertraute. Von unserer Verantwortung müssen auch Kinder erfahren: im Text der Bibel und in Geschichten zu diesem Thema. Und diese Geschichten warten darauf, in ein lebendiges, erlebnisreiches Spiel umgesetzt zu werden:

*Mögliche Spielform:*
Wir sitzen im Kreis oder im Halbkreis. Eine oder einer beginnt mit dem ersten Frage-Vers. Die vier Zeilen können auch auf zwei Kinder aufgeteilt werden. Dann gibt das Kind, das neben dem Frager sitzt, die Antwort. Es kann zwei Zeilen sagen, dann an das nächste Kind weitergeben. Es kann aber auch den ganzen Antwort-Vers sagen. Das richtet sich ganz danach, was das einzelne Kind sich behalten kann und was es sagen möchte. Jedenfalls steht es dann, wenn es beginnt, auf und unterstreicht das, was es sagt, noch zusätzlich mit Gesten.

*Methodische Anregungen:*
Zu dem Spielgedicht können bunte Bilder gemalt werden, die zu den einzelnen Schöpfungstagen dann hochgehalten und gezeigt werden. Wir können auch aus farbigem Plakatkarton die einzelnen Dinge so groß ausschneiden, dass die Spieler sie beim Sprechen vor sich halten können.
Das Spielgedicht kann auch die Vorlage zu einem Schattenspiel mit zusätzlich eingesetztem farbigen Transparentpapier sein. Gegebenenfalls kann dann eine Gruppe sprechen und eine zweite hinter der Leinwand agieren.
Man kann auch das ganze Gedicht mit den Kindern auf Kassette aufnehmen, so dass dann zum Spiel die selbst gesprochene Bandaufnahme zur Verfügung steht, die zusätzlich noch mit ganz einfachen Tonfolgen mit dem Orff-Instrumentarium ergänzt werden kann.

**Spielgedicht**

Ob ihr wisst, ob ihr wisst,
wie die Welt entstanden ist?
Ob ich's wag' und euch frag':
Was schuf Gott am ersten Tag?

> Gott schuf die Welt vor langer Zeit.
> Da war Wasser und Dunkelheit.
> Da rief Gott das LICHT in die Welt hinein,
> und seit dem muss es nicht mehr dunkel sein.
> Das Licht ist der TAG, die Dunkelheit NACHT.
> So hat Gott es am ersten Tag gemacht.

Ob ihr wisst, ob ihr wisst,
wie die Welt entstanden ist?
Ob ich's wag' und euch frag':
Was schuf Gott am zweiten Tag?

> »Der HIMMEL soll über die Erde gehn!«
> Weil Gott es so sagte, ist es geschehn.
> Gott hat den Himmel wohl bedacht.
> So hat Gott es am zweiten Tag gemacht.

Ob ihr wisst, ob ihr wisst,
wie die Welt entstanden ist?
Ob ich's wag' und euch frag':
Was schuf Gott am dritten Tag?

> Gott rief das Wasser und nannte es MEER.
> Das Land, das entstand, blieb nicht lange leer.
> Gott rief Pflanzen und Bäume mit ihren Namen.
> Und sie wuchsen und blühten und brachten Samen.
> Und nichts den Blumen an Schönheit glich.
> Alles war gut. Und Gott freute sich.
> Das Meer und LAND voller PFLANZENPRACHT.
> So hat Gott es am dritten Tag gemacht.

Ob ihr wisst, ob ihr wisst,
wie die Welt entstanden ist?
Ob ich's wag' und euch frag':
Was schuf Gott am vierten Tag?

Gott ließ die helle SONNE aufgehn
und MOND und Sterne am Himmel stehn.
Es wärmte die Sonne mit ihrer Glut.
Gott freute sich, denn es war gut!
Die Sonne am Tag, die Sterne bei Nacht.
So hat Gott es am vierten Tag gemacht.

Ob ihr wisst, ob ihr wisst,
wie die Welt entstanden ist?
Ob ich's wag' und euch frag':
Was schuf Gott am fünften Tag?

Er hat den FISCHEN das Leben gegeben,
den Tieren all, die im Wasser leben,
dann den VÖGELN mit ihrem bunten Gefieder.
Ja, alles war gut! Und Gott freute sich wieder.
Und Gott rief die Tiere zu sich her
und segnete sie in der Luft und im Meer.
»Vermehrt euch und gebt aufeinander Acht!«
So hat Gott es am fünften Tag gemacht.

Ob ihr wisst, ob ihr wisst,
wie die Welt entstanden ist?
Ob ich's wag' und euch frag':
Was schuf Gott am sechsten Tag?

Die Erde soll leben nach Gottes Willen.
So schuf er die TIERE, die wilden, die stillen,
die großen, die kleinen. So viele dann,
dass sie kein Mensch mehr zählen kann.
Dann schuf er nach seinem Bild genau
die MENSCHEN. Er schuf MANN und FRAU.
Er segnete sie und sagte: »Gebt Acht
auf alles, was ich für euch gemacht!
Nehmt nur, was ihr braucht und esst euch satt.
Gebt ab und teilt, dass jeder was hat!«
So sprach er mit beiden, mit Frau und Mann:
»Ich vertraue euch meine Erde an!«
Es war alles gut. So wie Gott es gedacht.
So hat Gott es am sechsten Tag gemacht.

Ja, ihr wisst, ja, ihr wisst,
wie die Welt entstanden ist!
Ob ich's wag' und euch frag':
Was tat Gott am siebten Tag?

Am siebten Tag, da blieb Gott zu Haus
und ruhte sich von all der Arbeit aus!
Der Sonntag ist der siebte Tag.
Drum feiert ihn so, wie Gott es mag!

Das Gedicht lässt sich auch als Spiellied gestalten: Die vier Zwischenzeilen zwischen den Schilderungen dessen, was an den einzelnen Tagen erschaffen wurde, können als Refrain gesungen werden. Es kann zu dem Bericht einzelner Sprecher/innen die Gitarre oder ein anderes Instrument als Begleitung unterlegt werden. Die Schlusszeile wird dann wieder von allen gesungen und leitet zu dem Refrain über.

**Ob ihr wisst, wie die Welt entstanden ist?**

T: Rolf Krenzer
M: Michaela Möhle

# Ich male eine Sonne
## Lied und Spiel um Gottes Schöpfung

Das Besondere an diesem Spiel ist, dass es sich überall und jederzeit einsetzen lässt, beim Familiengottesdienst, beim Bunten Nachmittag mit Eltern und Kindern, beim Sommerfest des Kindergartens oder der Grundschule, ohne dass es vorher geprobt werden muss.
Wichtig ist nur, dass der Spielleiter selbst den Text des Liedes auswendig singt und jeweils die Kinder und Erwachsenen auffordert, die angesprochene Strophe darzustellen.
Da können Großmütter mit weißen Blusen die Wolken spielen, die am Himmel segeln, Väter mit schwarzen oder braunen Pullovern die Käfer. Je nach der Kleidung, die wir beim Spiel vorfinden, können die Falter gestreift, kariert oder gepunktet sein.
Die Sonne kann einen gelben Pullover oder eine gelbe Bluse tragen. Kinder mit hellblonden oder roten Haaren können die Sonne ebenso überzeugend darstellen.

*Zu den Strophen:*

*Die Sonne:* Ein Kind breitet die Arme aus und dreht sich langsam im Mittelpunkt der Bühne. Oder: Zwei Kinder stehen Rücken an Rücken, breiten die Arme nach allen Seiten aus (Sonnenstrahlen) und drehen sich dann, immer wenn die Sonne genannt wird, im Kreis herum. Sie bleiben in der Mitte stehen, wenn der blaue Himmel hinzukommt.

*Der Himmel:* Kinder und Erwachsene in blauer Kleidung geben sich die Hände und bilden einen Kreis um die Sonne. Beim Refrain drehen sie sich um die Sonne herum.

*Die Wolke:* Wer einen weißen oder grauen Pullover oder eine solche Bluse, vielleicht gar ein weißes Kleid trägt, darf Wolke sein und angefasst mit anderen Wolken um den Himmel herum schweben.

*Die Wiese:* Wer etwas Grünes trägt, setzt sich auf den Boden vor den Himmel und zeigt mit den Armen an, wie die Wiese wächst und wächst.

*Die Blume:* Mädchen und Jungen mit roten Hemden, Kleidern oder Hosen sind nun gefragt. Sie bilden über ihrem Kopf mit ihren beiden Händen die Blütenkrone und stehen hoch aufgerichtet mitten in der Wiese.

*Die Biene:* Ein Kind oder ein Erwachsener, der einen braunen Pullover oder etwas Ähnliches trägt, findet sich bestimmt. Er fliegt zur Blume hin.

*Und so kann es noch weitergehen:*
Ein schwarzer Käfer, ein gestreifter Schmetterling usw.

Zur letzten Strophe stehen dann alle auf. So wird allen deutlich, wie *bunt* Gottes Erde ist.

*Weitere Möglichkeiten:*
Wir können auf einem Blatt, an einer Wand oder einer großen Wandtafel mit vielen bunten Farben das malen, wovon das Lied erzählt. Jeder ist einmal dran. Wenn von den Bienen und Blumen berichtet wird, können verschiedene Kinder jeweils mehrere Bienen und Blumen malen, so dass jeder einmal drankommt. Es können auch mehrere Wolken gemalt werden.
Wir zeigen alles nur mit unseren Händen, ohne wirklich zu malen.
Tücher in verschiedenen Farben können die einzelnen Farben verdeutlichen.

Anstelle der Beispiele im Lied können andere Lebewesen oder Gegenstände gezeigt werden, über die wir staunen und uns freuen können:
Ich male viele Steine (schwarz, gelb, braun)
Ich male einen Schmetterling (bunt)
Ich male eine Raupe (grün, braun)
Ich male viele Bäume (grün) usw.

## Ich male eine Sonne

T: Rolf Krenzer M: Siegfried Fietz

2. Nun male ich den Himmel,
nun male ich den Himmel
mit blauer Farbe an,
damit der schöne Himmel,
damit der schöne Himmel
nach allen Seiten leuchten kann.
Blau ist der Himmel,
gelb ist die Sonne,
du kannst es sehn.
Ja, gelb ist die Sonne
und wunderschön!

3. Dann male ich die Wolke,
dann male ich die Wolke
mit weißer Farbe an,
dass meine weiße Wolke,
dass meine weiße Wolke
am blauen Himmel segeln kann.
Weiß sind die Wolken,
blau ist der Himmel,
gelb ist die Sonne,
du kannst es sehn.
Ja, gelb ist die Sonne
und wunderschön!

4. Ich male eine Wiese,
ich male meine Wiese
mit grüner Farbe an,
dass meine schöne Wiese,
dass meine schöne Wiese
nach allen Seiten wachsen kann.
Grün ist die Wiese,
weiß sind die Wolken,
blau ist der Himmel,
gelb ist die Sonne,
du kannst es sehn.
Ja, gelb ist die Sonne
und wunderschön!

5. Ich male eine Blume,
ich male meine Blume
mit roter Farbe an,
dass meine schöne Blume,
dass meine schöne Blume
nach allen Seiten leuchten kann.
Rot ist die Blume,
grün ist die Wiese,
weiß sind die Wolken,
blau ist der Himmel,
gelb ist die Sonne,
du kannst es sehn.
Ja, gelb ist die Sonne
und wunderschön!

6. Ich male eine Biene,
ich male meine Biene
mit brauner Farbe an,
dass meine braune Biene
zu meiner Blume fliegen kann.
Braun ist die Biene,
rot ist die Blume,
grün ist die Wiese,
weiß sind die Wolken,
blau ist der Himmel,
gelb ist die Sonne,
du kannst es sehn.
Ja, gelb ist die Sonne
und wunderschön!

7. Ich male Gottes Erde,
ich male Gottes Erde
mit vielen Farben an.
Ich steh davor und staune,
ich steh davor und staune
und freu mich daran.
Bunt ist die Erde,
braun ist die Biene,
rot ist die Blume,
grün ist die Wiese,
weiß sind die Wolken,
blau ist der Himmel,
gelb ist die Sonne,
du kannst es sehn.
Ja, gelb ist die Sonne
und wunderschön!

*Weitere mögliche Strophen nach Str. 6:*
Schwarz ist der Käfer ...
Gestreift ist der Falter ...

# Einmal hat alles angefangen

Die im Folgenden vorgestellte sprachliche Form ist bewusst so einfach gehalten, dass sie auch bereits jüngeren Zuhörern angeboten werden kann. Es empfiehlt sich, den Text nicht vorzulesen, sondern das Buch als Gedächtnisstütze auf den Schoß zu legen, aber frei zu erzählen. Dazu können die einzelnen Dinge, von denen erzählt wird, mit großen und deutlichen Gesten noch unterstrichen werden.

*Vom Erzähler zum Darsteller. Von der Geschichte zum Erlebnis des Spiels:*

Einmal hat alles angefangen.
Einmal hat Gott die Welt geschaffen.
Damals war es dunkel.
So dunkel, dass es zum Fürchten war.
Da rief Gott das Licht.
»Es soll hell in der Welt werden!«, sagte Gott.
Da wurde es hell in der Welt.
So hat alles einmal angefangen.
Am Tag ist es hell. In der Nacht ist es dunkel.
Gott hat den Tag und die Nacht geschaffen.
Das war am ersten Tag.

Einmal hat alles angefangen.
Einmal hat Gott den Himmel geschaffen.
So hoch ist der Himmel über der Welt.
Einmal hat Gott den Himmel geschaffen.
Das war am zeiten Tag.

Einmal hat alles angefangen.
Gott hat auch das Meer geschaffen.
Viele große Meere sind auf der Welt.
Und viele Länder.
Alles Land hat Gott geschaffen.
Er ließ die Pflanzen wachsen.
Das Moos und die Blumen, die Gräser und das Getreide,
die Hecken und Sträucher und die großen Bäume.
Alle tragen Samen.
So wachsen sie immer wieder.

Einmal hat Gott die Meere und die Länder geschaffen.
Einmal hat Gott auch alle Pflanzen geschaffen,
winzige Gräser und hohe Bäume.
Das war am dritten Tag.

Einmal hat alles angefangen.
Einmal hat Gott auch die Sterne geschaffen.
Und die Sonne und den Mond.
Es war gut, was Gott geschaffen hatte.
Gott freute sich darüber.
Einmal hat Gott die Sonne und den Mond
und die vielen Sterne geschaffen.
Das war am vierten Tag.

Einmal hat alles angefangen.
Gott hat auch die Tiere geschaffen.
Die Fische und die Tiere im Meer.
Die Vögel in der Luft.
Die kleinen und großen Tiere auf dem Land.
Alle Tiere hat Gott geschaffen.
Die riesigen Elefanten, die wilden Tiger,
die Pferde und die Kühe,
die Katzen und die Hunde,
die Kaninchen und die Goldhamster,
die Spinnen, die Bienen und die Wespen,
die Fliegen und die Ameisen.
Es war gut, was Gott geschaffen hatte.
Gott freute sich darüber.
Einmal hat Gott die Tiere geschaffen.
Er schenkte ihnen ihr Leben.
Ja, Gott segnete die Tiere.
Das war am fünften Tag.

Einmal hat alles angefangen.
Einmal hat Gott auch uns Menschen geschaffen.
Einen Mann und eine Frau.
Und er hat sie so geschaffen, dass sie Gott ähnlich sehen.
Gott liebte die Menschen.
Er segnete sie.
Er gab ihnen alles, was er geschaffen hatte.
Er übergab ihnen die Welt
mit dem Himmel und den Sternen,
mit der Sonne und dem Mond,
mit den Ländern und den Meeren,
mit den Pflanzen und den Tieren.
Gott sagte zu den Menschen: »Ich schenke euch alles!
Ich vertraue euch meine Welt an!
Gebt gut Acht, dass keinem etwas geschieht!
Nicht dem Himmel und den Sternen,
nicht den Meeren und den Ländern,
nicht den Pflanzen und den Tieren
und nichts euch, den Menschen, die ich lieb habe.«
Einmal hat alles angefangen.
Einmal vertraute Gott den Menschen seine Welt an.
Das war am sechsten Tag.

Am siebten Tag ruhte Gott sich aus.
Er hatte die ganze Welt geschaffen.
Alles war gut.
Da segnete Gott den siebten Tag.
Er sagte: »Dieser Tag gehört mir. Er ist heilig!«
So hat Gott den Sonntag geschaffen.
Einmal hat alles angefangen.
Einmal hat Gott die Welt geschaffen.
Den Himmel und die Erde
und alles,
was auf dieser Welt lebt.
Auch uns Menschen.

*Anregungen:*
Zu dem Text kann mit einfachen gestischen und mimischen Mitteln eine Pantomime entstehen. Die Spielleiterin/der Spielleiter erzählt ganz langsam und lässt die Kinder dazu agieren. Bei allen pantomimischen Versuchen sollte darauf geachtet werden, dass die Kinder zunächst selbst überlegen, wie sie das darstellen könnten, wovon in dem Text erzählt wird. Eine Hilfe kann es schon sein, wenn vorgeschlagen wird, beispielsweise das Meer oder den Himmel mit mehreren Spielern zu gestalten. Oft sind die spontanen Spielideen und Gestaltungsversuche geeigneter als solche, die bereits anderswo probiert wurden, eben weil sie jetzt spontan entstehen und so für das Spiel dieser Gruppe wichtig werden. Wir erleben nämlich gemeinsam, wie unterschiedlich die verschiedenen Themen dargestellt werden können, bis wir uns auf eine Form einigen, die allen am meisten zusagt und am ehesten dem Text entspricht. Die hier aufgeführten Spielangebote sind deshalb nur als Vorschläge anzusehen.

**Erster Tag:**

Wir sitzen ganz still auf der Erde, halten die Hände vor die Augen und rühren uns nicht. Wenn das Licht in die Welt kommt, nehmen wir die Hände von den Augen, blicken nach oben, stehen auf, heben die ausgebreiteten Arme und Hände dem Licht entgegen, stehen im Licht, gehen langsam mit offenen Augen herum. Es kann auch eine bestimmte Stelle vorher ausgemacht werden, wohin alle schauen sollen, weil sie das Licht darstellt. Auch eine Lampe, die angeschaltet wird, kann dieses Licht verdeutlichen. Am Tag brennt die Lampe. Dann bewegen sich alle, laufen herum und tun etwas. Nachts wird die Lampe ausgeschaltet. Dann legen oder setzen sich alle leise hin. Nacht und Tag kann mehrmals wiederholt werden.

**Zweiter Tag:**

Wir bilden einen großen Kreis und halten uns an den Händen. Dann heben wir die Hände so hoch, wie wir nur können, und gehen langsam angefasst mit erhobenen Händen auf das Innere des Kreises zu. Wir können uns auch in die Mitte des Kreises ganz eng aneinanderstellen, Rücken an Rücken. Die Arme halten wir weit auseinander gestreckt nach oben.

Eine andere Möglichkeit: Wir befestigen hinter uns an der Wand eine riesige blaue Fläche, an der wir später auch noch die Sterne, die Sonne und den Mond befestigen. Darunter können dann im weiteren Verlauf unseres Spiels noch die Pflanzen und Bäume und schließlich auch noch die Tiere und Menschen im Bild erscheinen. Allerdings müssen die Bilder alle bereits vorher mit den Kindern ausgemalt und gegebenenfalls auch ausgeschnitten werden. Die Arbeit lohnt sich, denn so kann ein großer Bilderfries entstehen, der über lange Zeit Freude bereitet und immer wieder an den Inhalt der Geschichte oder des Spiels erinnert.

**Dritter Tag:**

Wir fassen uns an den Händen und stellen in mehreren Reihen hintereinander die Wellenbewegungen des Meeres dar. Wir können dazu auch blaue Tücher benutzen. Dann darf jeder auf der Erde die unterschiedlichsten Pflanzen darstellen. Zuerst die Blumen, die wir kennen. Hier wird schon deutlich, wie unterschiedlich diese Blumen sind, z.B. das winzige Gänseblümchen, die stolze Rose, die große Sonnenblume. Aber danach können auch Gräser, vielfältiges Getreide, Hecken und Sträucher dargestellt werden. Auch die Bäume

können ganz unterschiedlich aussehen. Es fällt uns leichter, alles mit unseren eigenen schöpferischen Kräften darzustellen, wenn wir uns beispielsweise Bäume bei einem Spaziergang daraufhin einmal genau angesehen haben. Hier können auch Lieder von Pflanzen gesungen und in ein Spiel umgesetzt werden.

**Vierter Tag:**

Einer stellt den Mittelpunkt der Sonne dar. Er stellt sich breitbeinig hin und streckt weit seine Arme aus. Andere kommen hinzu, halten sich an ihm fest, strecken ihre Arme aus, so dass sie Sonnenstrahlen bilden. Der Mond zeigt mit ausgestreckten Armen seine runde Form, und die Sterne halten ihre Hände mit gespreizten Fingern über den Kopf.

**Fünfter Tag:**

Da dürfen alle Tiere dargestellt werden, die uns einfallen. Man kann auch die Tiere ein bisschen ordnen: Zuerst stellen wir die ganz kleinen Tiere dar, die Käfer und Ameisen, die Raupen und Schmetterlinge, die Grashüpfer, die Spinnen usw. Dann in einer folgenden Runde die größeren Tiere, die Kaninchen und Hunde und Katzen usw. Danach die ganz großen Tiere, die Elefanten und Löwen, die Tiger und die Menschenaffen. Nicht zu vergessen die Tiere im Wasser: die Fische, die Robben, die Delphine, die Enten und auch die wilden Tiere, die im Wasser leben, das Krokodil, das Flusspferd usw. Ebenso lassen sich die Tiere der Luft darstellen, die unterschiedlichen Vögel, die Fledermäuse, die Falter, die Bienen usw. Gerade hier gibt es sehr viele Lieder, die von den Bewegungen der Tiere und von ihren Verhaltensweisen erzählen und sich mit elementaren Mitteln sogleich in ein Spiel umsetzen lassen, das beliebig oft wiederholt werden kann.

**Sechster Tag:**

Wir gehen aufeinander zu, sehen uns an, geben uns die Hände, gehen zusammen im Kreis herum. Zwei Darsteller bleiben dann in der Mitte angefasst stehen. Und nun verwandeln wir uns zu dem gesprochenen Text noch einmal, so dass alles wieder dargestellt wird, Himmel und Sterne, Länder und Meere, Pflanzen und Tiere und die Menschen.

**Siebter Tag:**

Wir reichen uns die Hände und gehen im Reigen herum. Dazu können wir ein Festtagslied singen.

# Darum singen wir Halleluja

Alle folgenden Texte, Lieder und Spiele beinhalten den Lobpreis Gottes, den Dank für die Schöpfung. Gott hat mir mein Leben gegeben. Dafür will ich ihm Tag für Tag dankbar sein. Wir werden von den Texten angerührt, wenn wir uns über den kleinen Schmetterling ebenso freuen können wie über die unscheinbare Blume am Wegrand. Sie alle sind Teil von Gottes Schöpfung.

## Für die Sonne woll'n wir singen

Nach dem Sonnengesang des Franz von Assisi

T: Rolf Krenzer M: Peter Janssens

C F
da - rum sin - gen wir, hal - le - lu – ja, dir zum
C G C
Dank das Son - nen - lied. Da - rum
C F
sin - gen wir, hal - le - lu – ja, da - rum
Hal - - - - le - lu - - - ja,
G7/4 G7 C
sin - gen wir, hal - le - lu – ja, da - rum
hal - - - - le - lu - - - ja,
F
sin - gen wir, hal - le - lu – ja, dir zum
hal - - - - le – lu – ja, hal –
C G C
Dank das Son - nen - lied.
le - - - - lu – ja.

2. Für die Sterne woll'n wir singen.
Singt mit uns das Sternenlied!
Hoch am Himmel in der Ferne
leuchten nachts für uns die Sterne.
Gott will, dass es so geschieht.
Gab die Sterne uns als Brüder.
Darum singen wir, halleluja,
darum singen wir, halleluja,
dir zum Dank das Sternenlied.

3. Für den Wind, da woll'n wir singen.
Singt mit uns dem Wind ein Lied!
Wir sind stets von Luft umgeben.
Luft zum Atmen, Luft zum Leben.
Gott will, dass es so geschieht.
Wind und Luft sind unsre Brüder.
Darum singen wir, halleluja,
darum singen wir, halleluja,
dir zum Dank dem Wind ein Lied.

4. Für das Wasser woll'n wir singen.
Singt mit uns das Wasserlied!
Wasser, das von Gott gegeben,
lässt die ganze Schöpfung leben.
Gott will, dass es so geschieht.
Gab das Wasser uns zur Schwester.
Darum singen wir, halleluja,
darum singen wir, halleluja,
dir zum Dank das Wasserlied.

5. Für das Feuer woll'n wir singen.
Singt mit uns das Feuerlied!
Rote Glut und helle Flammen.
Wärmt euch und rückt eng zusammen!
Gott will, dass es so geschieht.
Gab das Feuer uns zum Bruder.
Darum singen wir, halleluja,
darum singen wir, halleluja,
dir zum Dank das Feuerlied.

6. Für die Erde woll'n wir singen.
Singt der Erde jetzt ein Lied!
Alles, was wir um uns sehen,
wo wir stehn, wohin wir gehen,
Gott will, dass es so geschieht.
Schwester Erde, Mutter Erde.
Darum singen wir, halleluja,
darum singen wir, halleluja,
deiner Erde unser Lied.

7. Für den Tod woll'n wir auch singen.
Singt mit uns dem Tod ein Lied!
Wenn das Leben hier zu Ende,
nimmt er uns in seine Hände.
Gott will, dass es so geschieht.
Auch der Tod ist unser Bruder.
Darum singen wir, halleluja,
darum singen wir, halleluja,
dir zum Dank dem Tod ein Lied.

8. Für das Leben woll'n wir singen.
Singt mit uns das Lebenslied!
Dass wir sind und dass wir leben,
wachen, schlafen, nehmen, geben.
Gott will, dass es so geschieht.
Er hat Leben uns gegeben.
Darum singen wir, halleluja,
darum singen wir, halleluja,
dir zum Dank das Lebenslied.

9. Halleluja woll'n wir singen.
Singt für Gott das schönste Lied!
Darum singen wir zusammen,
loben, preisen seinen Namen,
dass es um die Erde zieht.
Herr und Schöpfer, unser Vater!
Darum singen wir, halleluja,
darum singen wir, halleluja,
unserm Gott das schönste Lied!

*Mögliche Spielformen:*
1. Wir stehen im Kreis. Die Spieler, die zu den jeweiligen Strophen Sonne, Sterne, Mond usw. darstellen, treten in die Kreismitte. Zum zweiten Teil des Liedes (Darum singen wir, halleluja ...) gehen wir angefasst im Reigen. Dazu fügen sich auch die Spieler, die in der Mitte waren, wieder in den Kreis ein. Wenn mehr Spieler in der Mitte sind (z.B. beim Feuer), können sie sich auch an den Händen fassen und entgegengesetzt zum äußeren Kreis im Innenkreis herumgehen.

*Sonne:* Ein Spieler stellt sich mitten in den Kreis und breitet beide Arme mit weit gespreizten Fingern aus.
Mehrere Spieler stellen sich ganz dicht aneinander, halten die Arme wie Sonnenstrahlen nach allen Seiten und drehen sich ganz langsam.

*Sterne:* Mehrere Spieler stellen in der Mitte des Kreises Sterne dar. Sie heben ihre Hände hoch, spreizen die Finger und bewegen sie leicht. Mit beiden Armen kann ein Spieler auch einen runden großen Ball bilden und so den Mond darstellen.

*Wind:* Eine Reihe Spieler fasst sich an den Händen und läuft in einer Schlangenlinie durch den Kreis.
Oder ein Spieler in der Mitte stellt mit den Bewegungen seiner Arme den Wind dar, auch mehrere Spieler hintereinander.

*Wasser:* Viele Spieler hocken sich nebeneinander oder hintereinander, halten die Hände vor sich und ahmen die Bewegungen des Wassers, der Wellen nach.

*Feuer:* Mehrere Spieler hocken in einem engen Kreis zusammen, wachsen dann langsam wie das Feuer, zeigen mit ihrem Körper und mit ihren Armen die Bewegungen der Flammen.

*Erde:* Die Spieler, die das Feuer dargestellt haben, gehen im Kreis auseinander und breiten ihre Arme nach vorn aus. Sie halten die Hände mit den Innenflächen wie einen Korb vor sich, drücken so ihren Dank aus.
Zum Stichwort Erde kann auch von vielen Spielern all das dargestellt werden, was Teil der Erde ist: Bäume, Berge, Blumen, Tiere, Menschen usw.

*Tod:* Wir fassen uns alle an den Händen, gehen mit gesenktem Kopf auf die Mitte des Kreises zu und bleiben so stehen. Wir drehen uns dann um, um zur Strophe für das Leben mit weit ausgebreiteten Armen und aufrechtem Gang wieder nach außen zu gehen.

*Leben:* Wir halten uns an den Händen, den Rücken zur Kreismitte, heben den Kopf, damit wir alle ansehen können, die um uns herum sind. Wir gehen angefasst im Kreis herum. Es können sich auch mehrere Kreise bilden, die entgegengesetzt herumgehen.

*Halleluja woll'n wir singen:* Wir lassen uns los und gehen auf die zu, die um uns herum stehen, geben ihnen die Hände, bilden neue Kreise oder erweitern unseren Kreis und gehen angefasst zu dem Lied herum.

2. Spiel mit Kostümen und Requisiten:
Aus farbigem Plakatkarton lassen sich Sonne, Mond und Sterne, Wind und Wasser, Bäume und Tiere, Feuer und all das ausschneiden, was wir für das Lied benötigen. Der Plakatkarton ist so groß, dass der Spieler ihn vor sich halten und einen großen Teil seines Körpers dahinter verbergen kann. Nacheinander treten zu den Strophen die einzelnen Spieler mit ihren großen Bildern auf und stellen sich nebeneinander. Der Tod kann entweder durch einen schwarzen Karton dargestellt werden oder indem die Spieler alles, was sie in den Händen halten, behutsam vor sich auf die Erde legen. Zu der folgenden Strophe wird dann alles wieder aufgenommen. Zu dem Stichwort *Leben* können noch viele weitere Bilder hinzukommen, z.B. Dinge, die für mich deutlich machen, was es heißt zu leben, was dazugehört, was die besondere Schönheit des Lebens ausmacht, z.B. Kinder und Erwachsene, Blumen und Bäume, Spielzeug, Früchte, Brot usw. Wenn sehr viele Dinge hinzukommen, kann die Strophe wiederholt werden. Wenn wir zur letzten Strophe im Kreis stehen, kann jeder sehen, wofür wir Gott unseren Dank, unser Halleluja singen.
Auch mit farbigem Krepppapier lassen sich Wasser und Feuer in einem Tanz gestalten. Gerade dadurch werden die Bewegungen der Wellen und der Flammen besonders deutlich. Der Wind kann mit wehenden Bändern oder Krepppapierstreifen in einer anderen Farbe dargestellt werden, Sonne und Sterne mit gelbem Krepppapier.

# Noah und die große Flut

Ein winziges Musical lässt sich aus zwei Spielliedern zur Geschichte von Noahs Arche nur mit geringem Aufwand gestalten. Zum Lied können sich die Kinder mit den Tieren identifizieren und sie mit eigenen Möglichkeiten nachspielen. Wir können auch viele Tiere und Tiermasken aus Pappmaché basteln und mit ihnen zu Beginn oder zum Ende des Sommerfestes in einem langen Zug durch den Ort (die Siedlung) gehen.

Für das Spiel selbst können wir eine Arche aus Holz oder Pappkartons werken. Es reicht aber auch eine bunte Schnur, die wir im Kreis herum legen und die die Arche darstellt, in die Noah alle Tiere einlädt. Die Arche kann auch aus vielen Spielern gebildet werden, die im Kreis sitzen oder stehen. Gerade in das Spiellied von der Arche können viele Kinder einbezogen werden. Erfahrungsgemäß kommen immer mehr Kinder hinzu, um weitere Tiere darzustellen. Und auch Erwachsene, die dazu aufgefordert werden, verweigern sich nicht.

Wenn die Arche im Spielkreis entsteht, werden alle Tiere nacheinander in die Arche geführt. Später landet die Arche und alle Tiere steigen wieder aus.

Sobald es dann im Refrain heißt: »Wenn euch der Regenbogen grüßt, wisst ihr, dass Gott euch nie vergisst!«, kann ein Regenbogentanz gestaltet werden. Kinder mit ähnlich farbigen Kleidern und Hemden stellen sich jeweils zusammen, zeigen mit ihren hoch erhobenen Händen den Regenbogen und gehen im Schreittanz im Kreis herum. Später stellen sie sich dann hintereinander oder nebeneinander auf, damit die vielen Farben des Regenbogens gut zu erkennen sind.

Auch aus bunten Batiken, Farbbändern oder farbigen Tüchern kann ein Regenbogen entstehen.

## Kommt in das Schiff hinein!

T: Rolf Krenzer
M: Wolfgang Jehn

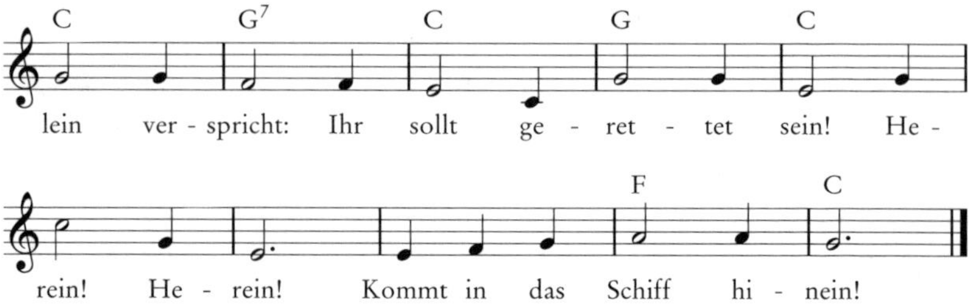


2. Nur Noah tut, was Gott ihm sagt,
weil er vertraut und alles wagt.
Die Söhne packen an,
da ist es bald getan.
Und Noah lädt die Tiere ein:
»Im Schiff wird jeder sicher sein!«
So kommt die große Schar.
Von jeder Art ein Paar.

Herein! Herein!
Kommt in das Schiff hinein!
Die Elefanten steigen ein
und es wird Platz für alle sein.
Herein! Herein!
Kommt in das Schiff hinein!

Herein! Herein!
Kommt in das Schiff hinein!
Die weißen Tauben ...

Die Schmetterlinge ...
Die Krokodile ...
Und die Kamele ...
Und die Kaninchen ...
Die wilden Löwen ...
Sogar die Frösche ....
Die schnellen Pferde ...
Die bunten Kühe usw.

und es wird Platz für alle sein.
Herein! Herein!
Kommt in das Schiff hinein!

3. Und nach dem letzten Passagier
schließt Noah ganz schnell zu die Tür.
Was Gott will, ist getan.
Da fängt's zu regnen an.
Es regnet. Und die Welt versinkt.
Wer nicht im Schiff ist, der ertrinkt.
Das Schiff fährt übers Meer
und schaukelt hin und her.

Herein! Herein!
Ist unser Schiff auch klein.
Vertraut auf Gott, denn er allein
verspricht: Ihr sollt gerettet sein!
Herein! Herein!
Ist unser Schiff auch klein!

4. Nichts auf der Welt bleibt mehr bestehn.
Gott lässt sein Schiff nicht untergehn.
Und als vorbei die Not,
da landet auch das Boot.
Seht nur, vorüber ist die Flut.
Dankt Gott, denn jetzt wird alles gut.
So steigen Mann und Maus
jetzt aus der Arche aus.

Heraus! Heraus!
Steigt aus der Arche aus!
Dankt Gott! Er schickt uns Sonnenschein,
er lässt es wachsen und gedeihn.
Heraus! Heraus!
Steigt aus der Arche aus!

Heraus! Heraus!
Steigt aus der Arche aus!
Wenn euch der Regenbogen grüßt,
wisst ihr, dass Gott euch nie vergisst!
Heraus! Heraus!
Steigt aus der Arche aus!

## Regenbogenlied

T: Rolf Krenzer
M: Wolfgang Jehn

2. Weil Gott selbst es uns verspricht,
er verlässt uns Menschen nicht,
ist ein bunter Regenbogen
hoch am Himmel aufgezogen.
Er verlässt uns Menschen nicht,
weil Gott selbst es uns verspricht.

3. Gott will, dass die Welt besteht.
Helft, dass nichts verloren geht,
denn ein bunter Regenbogen
ist am Himmel aufgezogen.
Helft, dass nichts verloren geht.
Gott will, dass die Welt besteht.

4. Gott vertraut uns alles an.
Denkt doch jederzeit daran!
Und der bunte Regenbogen
ist am Himmel aufgezogen.
Denkt doch jederzeit daran:
Gott vertraut uns alles an!

# Noahs Arche

Als Gott die große Flut schickt, fordert er Noah auf, ein Schiff zu bauen. Noah lädt die Menschen ein, mit in das Schiff hineinzukommen. Als diese nichts davon wissen wollen, kommen die Tiere. Die große Flut überspült die Erde, doch das Schiff fährt sicher über das Wasser. So werden alle gerettet. Der Regenbogen erinnert an den Bund Gottes mit den Menschen.

## Die Tiere kommen

T: Rolf Krenzer
M: Peter Janssens


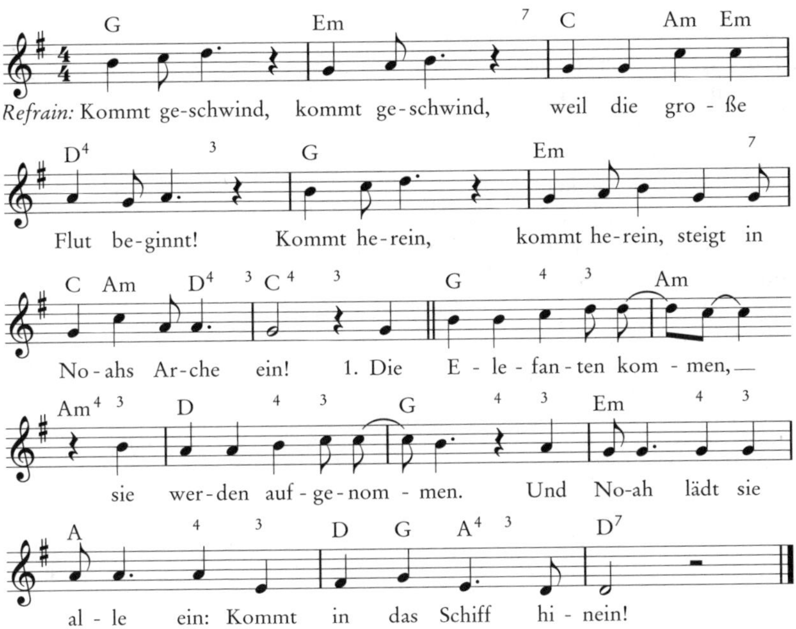

Die braunen Bären kommen ...

Die wilden Löwen kommen ...

Die frechen Affen kommen ...

Und die Kamele kommen ...

Die schnellen Pferde kommen ...

Die flinken Katzen kommen ...

Die kleinen Mäuse kommen ...

Die Schmetterlinge kommen ...

Und auch die Käfer kommen ...

Nach der großen Flut kommen die Tiere alle wieder aus der Arche heraus:

Kommt heraus, kommt heraus,
denn die große Flut ist aus.
Kommt heraus, kommt heraus,
steigt aus Noahs Arche aus!

Die Elefanten gehen.
Das könnt ihr alle sehen.
Sie kommen aus dem Schiff heraus
und suchen sich ein Haus.

Die braunen Bären gehen ...
Die wilden Löwen gehen ...
usw.

## Ein bunter Regenbogen

T: Rolf Krenzer M: Peter Janssens


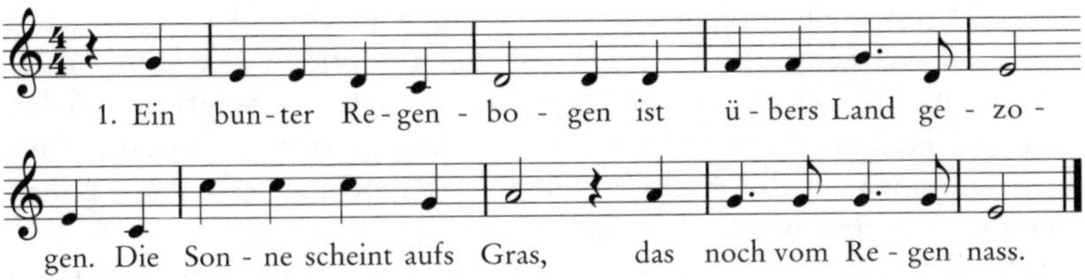


2. Ein bunter Regenbogen
   ist übers Land gezogen.
   Und alle bleiben stehn,
   um ihn sich anzusehn.

3. Ein bunter Regenbogen
   ist übers Land gezogen,
   damit ihr's alle wisst,
   dass Gott uns nicht vergisst.

*Mitspieler:*
Beim Schattenspiel sind nicht so viele Spieler notwendig, es können aber alle Spieler einer großen Gruppe auch Figuren herstellen und später zum Lied zeigen. Beim Kreisspiel und spontan entwickelten Spiel können beliebig viele Kinder, auch sehr viele, mitspielen.

*Mögliche Spielformen:*
Schattenspiel – Menschenschattenspiel – Spiel im Kreis oder im Halbkreis – Spiel auf der Bühne, drinnen und draußen – Spiel mit Stabpuppen, Pappfiguren usw.

*Orchester:*
Zu dem Spiellied lassen sich alle Orff-Instrumente einsetzen, dazu Klavier, Akkordeon oder Gitarre. Bei einer größeren Gruppe kann man zwischen Orchester und Chor und Spieler aufteilen. Es können auch alle Strophen, die später in ein Spiel umgesetzt werden sollen, auf Kassette aufgenommen und dann adäquat zum Spiel abgespielt werden. Im letzten Teil kann eine Kassette mit dem Regenbogenlied, z.B. beim Schattenspiel, eingesetzt werden.

*Vom Text zum Spiel:*
Im *Spiel im Kreis oder im Halbkreis* kann ein Teil des Spielkreises Noahs Schiff darstellen. Dabei fassen sich viele Mitspieler an den Händen und bilden so das Schiff, das später, wenn es über das Wasser fährt, auch entsprechende Bewegungen macht. Das Schiff kann aber auch als Ellipse mit Kreide auf den Fußboden gezeichnet oder mit einem Seil gelegt werden. Wir haben auch das Schiff aus vielen Stühlen, Tischen, Pappkartons und Decken gebaut. Es machte Kindern viel Spaß, in die Arche hineinzukriechen und später aus einem zweiten Ausgang wieder heraus.
Zuerst lädt Noah die Menschen ein, doch die lachen ihn aus und gehn davon. Dann kommen die Tiere.
Jeweils zwei Spieler stellen ein Tierpaar dar. Die Tiere können entweder pantomimisch vorgestellt werden, es können aber auch entsprechende Requisiten und Kostüme von den Kindern selbst angefertigt werden: z.B. Pappohren für die Hasen, Decken und lange Rüssel für die Elefanten, braune Trainingsanzüge, selbstgebastelte Masken für die Bären, schwarze Fräcke für die Pinguine usw. Für das *Spiel mit Stabpuppen oder Pappfiguren* können die einzelnen Tiere aus Pappkarton ausgeschnitten, ausgemalt oder mit Buntpapier beklebt werden.
Auch die Arche kann aus Plakatkarton ausgeschnitten und entsprechend bemalt oder mit Buntpapier beklebt werden.
Ein umgelegter Tisch (Beine nach vorn) kann schon als Bühne ausreichen. Man kann auch in eine Türöffnung oder zwischen zwei kleinere Schränke ein Tuch spannen, das als Bühne dient und die Spieler beim Führen der Puppen vor den Augen der Zuschauer verbirgt.

Der Regenbogen zum Schluss kann mit einem farbigen Dia (Dia mit Fett- oder Filzstiften bunt bemalen, farbiges Transparentpapier in einen Diarahmen usw.) an die Wand projiziert werden. Es kann auch aus Buntpapier ein bunter Regenbogen gestaltet werden, der zum Schluss von den Spielern über die Spielfläche gehalten wird. Im Spiel mit jüngeren Kindern können selbstverständlich auch Stofftiere eingesetzt werden.
Für das *Schattenspiel* werden die Figuren zunächst aus Karton ausgeschnitten und dann mit farbigem Transparentpapier in ihren Umrissen hinterklebt. Das heißt, dass aus dem Karton noch zusätzlich ausgeschnitten wird, z.B. Augen, der Panzer der Schildkröte, die Flügel der Schmetterlinge usw.

Der Regenbogen wird durch farbiges Transparentpapier angezeigt, der dann, wenn er hinter die weiße Leinwand gehalten wird, dem Schattenspiel einen farbenfrohen Ausgang gibt.
Die Leinwand (Bettlaken o. Ä.) lässt sich in einem Türrahmen oder zwischen zwei Schränken oder Kartenhaltern aufspannen. Eine Lichtquelle (Diaprojektor, Strahler, Tageslichtschreiber usw.) strahlt die Bühne von hinten an, so dass die Figuren vor der Bühne in ihren Umrissen deutlich zu sehen sind. Die mit Transparentpapier zusätzlich gestalteten Figuren sollten möglichst nahe an der Leinwand geführt werden, damit die Farben von vorn deutlich zu erkennen sind.
Im *Menschenschattenspiel* wird ebenfalls ein aufgespanntes Bettlaken durch eine Lichtquelle von hinten angestrahlt. Durch entsprechende Requisiten und Verkleidungen können die Spieler so ausstaffiert werden, dass sie in ihren Umrissen als Tiere identifiziert werden können, z.B.: Hase mit Pappohren, Schnecke mit Rucksack, Hirsch mit Zweig oder Ast als Geweih, Storch mit Schnabel, Schlange, von zwei Spielern dargestellt, die hintereinander kriechen.

*Spielanregungen:*
Zunächst lädt Noah die Menschen ein, in sein Schiff zu kommen. Die Menschen lachen ihn aus und gehen davon. Alles wird pantomimisch dargestellt. Dann kommen die braunen Bären, die Elefanten usw. Noah lädt sie ein hereinzukommen. Zunächst dürfen die Tiere im Kreis herumlaufen, damit sie auch von allen Seiten gesehen werden können. Dann geht Noah auf sie zu und führt sie zum Schiff, wo sie sich niederlassen. Weitere Tiere folgen. Wenn alle Tiere im Schiff sind, fährt es los. Zu der Melodie schaukeln alle während der Schiffsreise. Zum Schluss kommen alle wieder aus dem Schiff heraus und gehen auf ihren Platz. Danach folgt der Regenbogentanz.
Eine besonders originelle Idee hatte einmal eine Spielgruppe, die auch noch Flöhe (pantomimisch durch Jucken und Kratzen angedeutet) zum Schluss in die Arche einsteigen ließ. Als das Schiff über das Wasser fuhr, mussten sich recht viele Tiere hin und wieder kratzen. Als aber dann am Ende des Spiels alle Tiere die Arche bereits wieder verlassen hatten, fehlten noch die Flöhe. Sie wollten bei Noah bleiben, der durch eifriges Kratzen anzeigte, dass er sie noch immer bei sich hatte.

Das Lied vom Regenbogen eignet sich in der hier beschriebenen Weise als Abschluss und Vertiefung der Geschichte von Noah und der großen Flut, kann aber auch völlig eigenständig Spiel- und Tanzmöglichkeiten bieten:
Wir zeigen mit beiden Händen den Regenbogen über uns und deuten mit den Händen seine Form an. Mit den Händen zeigen wir auch die Sonne und zeigen dann mit den Fingern, wie der Regen auf das Gras heruntertropft.
In der zweiten Strophe zeigen wir wieder den Regenbogen.
In der dritten Strophe breiten wir beide Hände nach oben aus.

Wir brauchen viele farbige Bänder. Wir stehen im Kreis und jeder hält ein solches Band in seiner Hand. Zu dem Lied gehen wir auf einen anderen Mitspieler zu und verknüpfen die Bänder miteinander.
Immer mehr Bänder werden miteinander verknüpft, so dass am Ende des Liedes ein bunter Regenbogen durch den ganzen Kreis geknüpft ist, der alle miteinander verbindet. Die Enden der Bänder brauchen nicht miteinander verknüpft zu werden, sie werden nur gehalten.
Die Spieler, die den Regenbogen darstellen, tragen unterschiedlich farbige Kleider, Umhänge oder Blusen. Sie stellen sich nebeneinander auf. Links und rechts legen sich die Spieler fast auf den Boden, die nächsten hocken, knien, stehen, so dass der Eindruck des Regenbogens auch in seiner Form entsteht, die sich von einer Seite zur anderen spannt. Die Spieler, die in der Mitte stehen, recken sich hoch und halten zusätzlich noch ihre Arme in die Höhe.

*Spieltanz:*
Wir stehen frei im Kreis. Wir entspannen uns und atmen tief ein und aus. Wir versuchen, uns von allen Sorgen, Ängsten und Nöten freizumachen. Aus dieser Gelöstheit versuchen wir – jeder für sich – mit unseren ausgestreckten Armen und mit dem ganzen Körper den großen, wunderschönen Regenbogen darzustellen. Wir zeigen mit unserem ganzen Körper den Regenbogen und gehen dabei zu dem Lied langsam durch den Kreis.
Zum Schluss fassen wir uns alle an den Händen und stellen damit die Verbundenheit von einem zum anderen dar.

# SPIELE ZUM NEUEN TESTAMENT

# Jesus wird geboren

# Zacharias und Elisabet

Ein Spiel

Elisabet ist zu Hause und mit einer Handarbeit beschäftigt. Zacharias kommt und lässt sich auf einen Stuhl (Hocker) fallen.

**Spieltext**

*Elisabet:* Du kommst spät heute, Zacharias!

Zacharias starrt vor sich hin. Er hat die Hände auf die Oberschenkel gelegt.

*Elisabet:* War etwas Besonderes heute los?

Zacharias antwortet nicht.

*Elisabet:* Ich warte schon lange mit dem Essen auf dich.

Als Zacharias immer noch nicht antwortet, tritt sie hinter ihn.

*Elisabet:* Was hast du? Warum antwortest du nicht?

Sie kommt herum und stellt sich neben ihn.

*Elisabet:* Du bist mir doch nicht böse?

Zacharias sieht sie kurz an und schüttelt den Kopf.

*Elisabet:* Was ist denn mit dir? Du bist so anders als sonst.
Sag' doch etwas!

Zacharias deutet auf seinen Mund und versucht, Elisabet verständlich zu machen, dass er nicht mehr sprechen kann.

*Elisabet:* Zacharias! Sag' doch etwas! Bitte, Zacharias!
Kannst du wirklich nicht sprechen?

Zacharias schüttelt den Kopf.

*Elisabet:* Was ist geschehen? Bist du krank?

Zacharias lächelt ihr zu. Dann geht er und holt eine Tafel (Schiefertafel, Karton oder Ähnliches). Er sucht nach einem Stift (Kreide, Griffel).

*Elisabet:* Warte! Ein Stift! Ich hole einen.

Sie geht fort und kommt mit einem Stift zurück, den sie Zacharias reicht. Zacharias schreibt. Elisabet liest die Worte: Im Tempel ...

*Elisabet:* Ja, du warst im Tempel! Und du bist spät zurückgekommen. Schreib' auf, was im Tempel geschehen ist. Schreib' auf, warum du nicht mehr sprichst!

Zacharias schreibt. Elisabet liest: Ein Engel! Sie blickt Zacharias erstaunt an.

*Elisabet:* Du hast einen Engel im Tempel gesehen?

Zacharias nickt, deutet auf seinen Mund, macht Bewegungen des Sprechens, zeigt auf seine Brust.

*Elisabet:* Er hat mit dir gesprochen?

Zacharias nickt.

*Elisabet:* Was hat er dir gesagt? Schreib' schneller! Was hat er gesagt?

Zacharias schreibt.

*Elisabet:* Was schreibst du da? Wir werden ein Kind haben? Ich soll ein Kind bekommen? Zacharias, wir sind alte Leute! Unser Leben lang haben wir uns ein Kind gewünscht! Gott hat unseren Wunsch nie erfüllt. Es war unser größter Wunsch. Jetzt sind wir alt. Nein, Zacharias, das ist unmöglich!

Zacharias sitzt unbeweglich da. Dann faltet er langsam die Hände.

*Elisabet:* Zacharias, hat deshalb Gott einen Engel zu dir geschickt?

Zacharias nickt.

*Elisabet:* Das kann doch nicht sein!

Zacharias steht auf, legt Tafel und Stift zur Seite und kniet dann nieder. Er hebt seine Hände zum Gebet.

*Elisabet:* Um Gottes Willen! Zacharias, du hast mir immer die Wahrheit gesagt! Hörst du mich, Zacharias? Ein Engel? Und Gott hat ihn zu dir geschickt? Nein, Gott ist nichts unmöglich! So spät will er unseren Wunsch noch erfüllen?

Sie beugt sich zu Zacharias hinunter.

*Elisabet:* Nun ja, Sara war auch schon alt, als sie noch einen Sohn bekam! Isaak hieß er. Ja, Isaak. Und Gott hat ihn verheißen.

Zacharias steht auf. Er greift noch einmal nach der Tafel und schreibt. Dann reicht er Elisabet die Tafel und kniet wieder nieder. Sie liest langsam.

*Elisabet:* Johannes! Unser Sohn soll Johannes heißen. Johannes! Gott, ich kann es nicht fassen!

Sie kniet neben Zacharias.

*Elisabet:* Herr, mein Gott! Dein Wille soll geschehen! Gott, ich danke dir!

Zacharias steht auf, legt den Arm um Elisabet und geht langsam mit ihr hinaus.

# Jesus wird geboren
Ein kleines Weihnachtsspiel

*Mitspieler:*
Erzähler/in, Maria und Josef, Wirtinnen und Wirte, die Hirten, die Engel und die drei Könige aus dem Morgenland mit ihrem Gefolge.

*Hinweise zum Spiel:*
Das Spiel ist so konzipiert, dass es von einer kleinen Kindergruppe, aber auch von vielen Kindern gestaltet werden kann. Wenn wenige Kinder spielen, gibt es eben nur zwei Wirtinnen oder Wirte und drei bis vier Hirten. Je mehr Kinder mitspielen, umso größer kann die Personenzahl in der jeweiligen Szene sein. Dann können noch Schafe und Hunde dazukommen und ein ganzer Engelchor. Die Könige können dann sogar mit Kamelen und einem großen Gefolge auftreten.
Ob die Kinder Kostüme tragen oder ob die Kostüme nur angedeutet werden (Hüte für die Hirten, Kronen für die Könige usw.), bleibt jeder Spielgruppe überlassen. Wichtig ist, dass der Erzähler bzw. die Erzählerin genau weiß, wann und wo die einzelnen Kinder aufzutreten haben und ihnen helfend und vermittelnd in jeder Szene zur Verfügung steht.
Je jünger die Kinder sind, umso wichtiger ist die Funktion des Erzählers bzw. der Erzählerin. Sie kann beispielsweise die ganze Geschichte erzählen und die Kinder dazu pantomimisch agieren lassen. Je älter die Kinder sind, umso stärker können sie sich auch mit kleinen gesprochenen Texten an dem Spiel beteiligen.
Die hier gegebene Spielfassung ist lediglich als Spielanregung zu sehen. Das bedeutet, dass die Texte beliebig (auch von den Kindern selbst) verändert werden können oder ganze hier ausführlicher gestaltete Textpartien der Kinder von der Sprecherin/dem Sprecher erzählt werden.
Einige Passagen können mit Orff-Instrumenten zusätzlich untermalt werden. Zu den einzelnen Szenen können auch den Kindern bekannte einfache Spiellieder eingesetzt werden.

**Spieltext**

| | |
|---|---|
| *Erzähler/in:* | Jedes Jahr feiern wir Weihnachten. Weihnachten ist eigentlich ein Geburtstagsfest, denn an diesem Tag wurde Jesus geboren. Und Jesus ist Gottes Kind. Gott hat Jesus auf die Welt geschickt, um uns allen zu zeigen, wie lieb er uns hat. Wir wollen euch erzählen, was damals geschah, als Jesus geboren wurde. |

Maria und Josef kommen langsam herein. Josef stützt Maria. Links und rechts stehen die Wirtinnen und Wirte, eventuell hinter einem Tisch oder Stuhl. In der Mitte im Hintergrund ist der Stall mit der Krippe bereits zu sehen.

*1. Szene*

| | |
|---|---|
| *Erzähler/in:* | Seht, da kommen zwei Leute. Der Mann ist Josef und seine Frau Maria. Sie gehen langsam. Sie sind schon so lange gelaufen. Jetzt sind sie endlich in Betlehem angekommen. Maria wird bald ein Kind bekommen. Vielleicht heute noch. Dieses Kind wird Jesus sein. Jesus, Gottes Sohn.<br>Aber jetzt brauchen sie zuerst ein Zimmer, wo sie ein paar Tage wohnen können. So klopft Josef an einem Gasthaus an. |

Josef klopft an dem ersten Gasthaus an. Es rührt sich nichts. Josef klopft erneut.

| | |
|---|---|
| *Josef:* | Hallo! Hallo! Macht auf! |
| *Wirt:* | Was wollt ihr noch so spät? |
| *Josef:* | Wir suchen ein Zimmer für die Nacht! |
| *Maria:* | Wir sind so müde. |
| *Josef:* | Vielleicht habt ihr noch Platz für uns! |
| *Erzähler/in:* | Da stehen sie vor dem Wirt. Nein, besonders gut sehen die beiden nicht aus. Es sind arme Leute. Und der Wirt sieht auch gleich, dass Maria schon bald ein Kind bekommen wird. Nein, für solche Leute hat er keinen Platz. |

*Wirt:* Da seid ihr viel zu spät! Mein Gasthaus ist voll bis unters Dach!

*Maria:* Bitte, helft uns doch!

*Wirt:* Tut mir leid! Mein Haus ist voll!

*Josef:* Was sollen wir nun tun?

*Wirt:* Fragt dort drüben nach! Vielleicht ist dort noch Platz.

Er schlägt die Tür zu und geht davon.

*Erzähler/in:* Da stehen sie nun vor der verschlossenen Tür. Aber zum Glück gibt es ja noch mehr Gasthäuser in Betlehem. So versuchen es die beiden weiter.

Maria und Josef gehen langsam zum nächsten Gasthaus. Josef klopft an die Tür.

*Wirtin:* Was wollt ihr denn noch so spät?

*Josef:* Habt ihr noch ein Zimmer für uns?

*Maria:* Ich bin so müde und werde ein Kind bekommen.

*Erzähler/in:* Nein, hier gibt es auch kein Zimmer für Maria und Josef.

*Wirtin:* Bei uns ist alles besetzt! Aber dort drüben könnt ihr es versuchen.

*Josef:* Nicht das allerkleinste Zimmer?

*Wirtin:* Nein! Überhaupt kein Zimmer mehr!

*Maria:* Wir bitten euch so sehr!

*Wirtin:* Nein! Nun geht schon weiter!

Sie schließt die Tür und geht davon.

*Erzähler/in:* So gehen Maria und Josef von Tür zu Tür, doch keiner lädt sie ein hereinzukommen. Was soll nun werden? In dieser Nacht wird Maria doch ihr Kind bekommen. Aber vielleicht hat dieser Wirt noch ein Plätzchen für sie.

Noch einmal klopft Josef an.

*Wirt:* Es ist schon spät! Macht doch nicht solchen Lärm!

*Josef:* Wir sind schon so weit gelaufen.

*Maria:* Alle haben uns fortgeschickt.

*Josef:* Habt ihr in eurem Haus noch Platz für uns?

*Maria:* Schickt uns bitte nicht fort!

*Wirt:* Das tut mir leid! Aber alle Zimmer sind besetzt! Wärt ihr doch früher gekommen!

*Erzähler/in:* Wieder werden Maria und Josef fortgeschickt. Maria ist so traurig, dass sie weinen muss. Und Josef steht neben ihr und kann ihr nicht helfen. Tröstend legt er Maria den Arm um die Schulter. Und der Wirt? Er sieht die beiden Leute vor sich stehen und spürt ihre Not. Aber was kann er tun? Sein Haus ist wirklich voll bis unters Dach.

*Wirt:* Ich habe noch einen Stall ...

*Josef:* Einen Stall?

*Wirt:* Wenn ihr mit dem zufrieden seid? Für eine Nacht wird er vielleicht ausreichen.

*Josef zu Maria:* Er hat einen Stall ...

*Wirt:* Dann habt ihr wenigstens ein Dach über dem Kopf! Wartet, ich hole meine Laterne.

| | |
|---|---|
| *Erzähler/in:* | So führt der Wirt Maria und Josef zu dem alten Stall. Keiner hatte Platz für sie! Kein Mensch lud sie ein hereinzukommen. So bleiben Maria und Josef für diese Nacht im Stall. Dort steht auch die Futterkrippe für das Vieh. In dieser Nacht wird Jesus geboren. Und Maria legt ihr Kind in das Stroh der Futterkrippe. So arm kommt Gottes Sohn zur Welt. |

*2. Szene*

| | |
|---|---|
| *Erzähler/in:* | Mitten in der Nacht schickt Gott die Engel zu den Menschen. Sie sollen ihnen sagen, was geschehen ist. |

Die Engel treten auf.

| | |
|---|---|
| *Erzähler/in:* | Sie kommen auch zu den Hirten draußen auf dem Feld. Die Hirten passen auf die Schafe auf. Aber jetzt sind sie müde und legen sich zum Schlafen hin. |

Die Hirten legen sich hin. Die Engel gehen auf die Hirten zu. Es wird immer heller.

| | |
|---|---|
| *Engel:* | Wacht auf, ihr Hirten! |
| *1. Hirte:* | (Setzt sich auf, reibt sich die Augen.)<br>Was ist denn los?<br>Warum ist es denn auf einmal so hell?<br>Wach auf! He, wach auf! |

Er rüttelt den Hirt, der neben ihm schlafend auf der Erde liegt. Der richtet sich langsam auf.

| | |
|---|---|
| *2. Hirte:* | Was hast du? Warum weckst du mich? |
| *1. Hirte:* | Schau dich doch um!<br>Siehst du nichts? Merkst du nichts? |
| *2. Hirte:* | Warum ist es denn so hell?<br>Du, da drüben steht jemand! |

*Erzähler/in:* Ein Hirte weckt den andern. Das große Licht macht ihnen Angst. Sie stehen von der Erde auf und schauen hinüber zu den Engeln. Staunend hören sie zu, was ihnen die Engel berichten.

*Engel:* Habt keine Angst! Freut euch! Dort in dem Stall ist ein Kind geboren. Gott hat es in die Welt geschickt. Es ist Gottes Sohn. Lauft schnell hin, dann werdet ihr das Kind finden. Es liegt in der Futterkrippe.

*Erzähler/in:* Staunend hören die Hirten zu. Ja, Gottes Sohn ist in dem Stall geboren worden. Und was sollen die Hirten tun? So schnell sie können, sollen sie zum Stall hinlaufen und das Kind in der Futterkrippe begrüßen.

Die Engel gehen. Es wird wieder dunkler.

*Erzähler/in:* Da warten die Hirten keinen Augenblick länger. Sie lassen alles stehen und liegen und machen sich gleich auf den Weg.

*1. Hirte:* Kommt mit nach Betlehem! Kommt mit zu dem Stall!

*2. Hirte:* Dort in dem Stall ist ein Kind geboren.

*3. Hirte:* Gott hat es in die Welt geschickt.

*4. Hirte:* Es ist Gottes Sohn.

*1. Hirte:* Kommt mit zu dem Stall!

*2. Hirte:* Wir werden das Kind finden.

*3. Hirte:* Es liegt in der Futterkrippe.

*4. Hirte:* Kommt! Beeilt euch!

*Erzähler/in:* So laufen die Hirten zu dem Stall und finden alles so, wie es die Engel gesagt haben: Maria und Josef und das Kind in der Futterkrippe. Sie treten zur Krippe und streicheln das Kind ganz behutsam.

*1. Hirte:* Was für ein schönes Kind! Gott hat es in die Welt geschickt.

*2. Hirte:* Gottes Sohn.

*Josef:* Woher wisst ihr das?

*3. Hirte:* Die Engel haben es uns gesagt!

*4. Hirte:* Gott hat die Engel zu uns geschickt.

*Maria:* Mein Kind heißt Jesus. Es ist Gottes Sohn! Und einmal wird Jesus der König des Himmels und der Erde sein!

*3. Szene*

*Erzähler/in:* Noch mehr Leute haben von dem Kind erfahren: Im fernen Land haben drei Männer einen besonders hellen Stern am Himmel entdeckt. Sie haben herausgefunden, dass man diesen Stern nur sehen kann, wenn ein König geboren wird. Da haben sie sich gleich auf den Weg gemacht, um dem neugeborenen König ihre Geschenke zu bringen. Sie sind immer hinter dem hellen Stern hergezogen. Er hat ihnen den Weg zum Stall gezeigt. Und jetzt sind sie endlich am Ziel angekommen.

Die Könige kommen herein.

*Balthasar:* Hier muss es sein!

*Melchior:* Über dem Stall steht hell der Stern!

*Kaspar:* Hier werden wir den König finden.

*Melchior:* In einem Stall?

*Kaspar:* Der Stern hat uns hierher geführt.

*Melchior:* Ein König im Stall?

*Erzähler/in:* Ja, im Stall finden die drei Männer den König des Himmels und der Erde. Wie sind sie froh, dass sie ihn endlich gefunden haben! Sie packen die Geschenke aus, die sie dem Kind und seinen Eltern mitgebracht haben. Dann knien sie vor der Krippe nieder und beten das Kind in der Krippe an. Und über dem Stall strahlt hell der Weihnachtsstern.

Nun wisst ihr, wie es damals gewesen ist, als Jesus geboren wurde. Und jedes Jahr erinnern wir uns daran und freuen uns. Jedes Jahr feiern wir deshalb

Weihnachten, den Geburtstag Jesu. Und jedes Jahr hören und spielen wir die Weihnachtsgeschichte so wie heute. Wir freuen uns, dass Gott seinen Sohn zu uns geschickt hat. Er wollte uns Menschen, den großen und kleinen, damit zeigen, wie sehr er uns lieb hat.

Der Erzähler bzw. die Erzählerin geht auf die Spieler und Spielerinnen zu. Alle fassen sich an den Händen und bilden einen Halbkreis. Dann gehen alle zusammen auf die Zuschauer zu und reichen ihnen die Hände. So entsteht ein großer Kreis, eine Brücke von einem Menschen zum anderen.

*Erzähler/in:* Weil wir uns freuen, wollen wir alle zusammen ein fröhliches Weihnachtslied singen.

Er/sie stimmt ein Weihnachtslied an und alle singen mit.

### Von dem Kind im Stroh

T: Rolf Krenzer
M: Stephen Janetzko


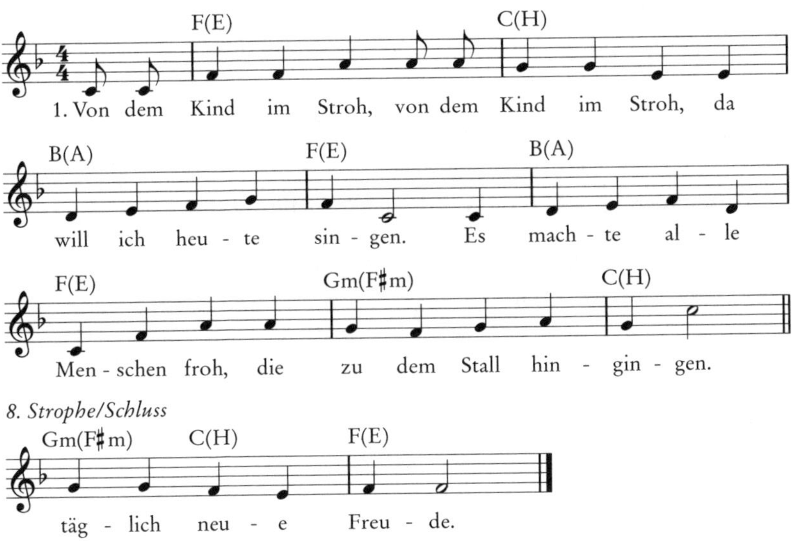

2. Von der Engelschar, von der Engelschar,
da will ich froh verkünden.
Sie weckte nachts die Hirten auf,
dass sie die Krippe finden.

3. Und die Hirten all, ja, die Hirten all,
die glaubten, was geschehen.
Drum machten sie sich auf zum Stall,
um selbst das Kind zu sehen.

4. Es war'n arme Leut', ach, so arme Leut',
die zu dem Kind hinkamen.
Das Kind im Stall macht sie so reich
und froh in Gottes Namen.

5. Von drei klugen Herr'n, von drei weisen Herr'n,
da will ich noch erzählen.
Sie knieten vor dem Kind im Stall
und ließen's an nichts fehlen.

6. Von dem hellen Stern, von dem hellen Stern,
da sing' ich auch so gerne.
Er stand am Himmel überm Stall,
der schönste aller Sterne.

7. Von dem Kind im Stroh, von dem Kind im Stroh,
da will ich froh verkünden.
Macht euch zu ihm gleich auf den Weg,
um Gottes Sohn zu finden.

8. Von dem Krippenkind, von dem Krippenkind,
da singen wir bis heute.
Gott gibt uns Hoffnung, Mut und schenkt
uns täglich neue Freude.

# Zwei Menschen gehn von Tür zu Tür

Die Weihnachtsgeschichte im Spiellied

T: Rolf Krenzer
M: Paul G. Walter

2. Sie finden nur den alten Stall.
Dort gehen sie hinein.
Sie finden nur den alten Stall,
||: so arm und so allein. :||

3. Doch mitten in der dunklen Nacht
im Stall dort auf dem Feld,
doch mitten in der dunklen Nacht
||: kommt Gottes Sohn zur Welt. :||

4. Am Himmel steht der Weihnachtsstern
und ist so weit zu sehn.
Am Himmel steht der Weihnachtsstern
||: und kündet, was geschehn. :||

5. Ein heller Schein hat in der Nacht
die Hirten aufgeweckt.
Ein heller Schein hat in der Nacht
||: die Hirten sehr erschreckt. :||

6. Sie hören, was der Engel spricht,
und glauben jedes Wort.
Sie hören, was der Engel spricht,
||: und ihre Angst ist fort. :||

7. Da machen sie sich auf den Weg
und wollen's selber sehn,
da machen sie sich auf den Weg,
||: was heute Nacht geschehn. :||

8. So finden sie im alten Stall,
das Kind im Krippenstroh.
So finden sie im alten Stall
||: das Kind und sind so froh. :||

9. Da kommen auch drei Könige.
Sie folgen froh dem Stern.
Da kommen auch drei Könige
||: und finden hier den Herrn. :||

10. Wie Hirten und wie Könige
und all die vielen Leut',
wie Hirten und wie Könige
||: so freuen wir uns heut. :||

*Spielvorschlag:*
Die Strophen des Liedes, das von allen gemeinsam gesungen wird, stellen gleichzeitig die Spielanleitung dar.
Zu den einzelnen Strophen wird das Spiel von den Spielern pantomimisch gestaltet, wobei die 1. Strophe, die die Herbergssuche schildert, mehrmals gesungen werden kann, wenn Maria und Josef von einem zum anderen Gasthaus ziehen, bis sie endlich den Stall finden, in dem sie unterkommen.
Der bewusst einfach gehaltene Text wiederholt jeweils die erste Zeile nochmals in der dritte Zeile, so dass die Zuschauer auch ohne Liedblatt schnell mitsingen können. Deshalb wird auch jeweils die letzte Zeile wiederholt.
Der Stall kann von Kindern selbst gebildet werden. Auch der Weihnachtsstern kann von einem Kind dargestellt werden. Wenn eine Holzkrippe oder Ähnliches vorhanden ist, um die sich Maria und Josef setzen oder stellen können, ist bereits deutlich gemacht, dass die entsprechenden Szenen in dem Stall spielen.

# Das Kind in der Krippe
Ein Krippenspiel in einfachen Reimen

*Hinweise zum Spiel:*
Die kleinen Szenen können zusammenhängend hintereinander gespielt werden. Es braucht aber auch nur eine Szene gespielt zu werden: die Herbergssuche, die Verkündigung der Hirten, die Anbetung der Könige.
Die Texte sind so angelegt, dass sie von wenigen und von mehreren gesprochen werden können. So kann beispielsweise auch ein Engel allein den Text sprechen, der hier auf mehrere Engel verteilt ist. Gleiche Variationsmöglichkeiten, die eine freie Handhabung der Gestaltung erlauben, bieten die Rollen der Wirte und Hirten. Überall kann beliebig gekürzt oder erweitert werden.

## Spieltext

*1. Szene*

Maria und Josef gehen von einem Gasthaus zum anderen, bis sie endlich von einem Wirt zu dem Stall geführt werden. Die kleinen Dialoge können beliebig oft wiederholt werden.

Josef klopft an dem ersten Gasthaus an.

*Wirt:* Wer klopft denn hier?
Wer klopft denn hier?

*Maria und Josef:* Macht auf die Tür!
Macht auf die Tür!

*Wirt:* Was wollt ihr zwei?
Was wollt ihr zwei?

*Maria und Josef:* Ist noch ein Zimmer frei?

*Wirt:* Es ist nichts frei mehr. Leider!
Geht weiter! Geht weiter!

*Josef:* Es ist so spät! Lasst uns doch ein!

*Wirt:* Nein, nein, nein!

*Maria:* Das kleinste Zimmer kann es sein!

*Wirt:* Nein, nein, nein!

Er knallt die Tür zu und geht davon.

*Josef:* Er lässt uns einfach draußen stehn!

*Maria:* Komm, Josef, lass uns weitergehn!

Sie gehen langsam weiter und klopfen beim nächsten Gasthaus an.

*Wirtin:* Wer klopft denn hier?
Wer klopft denn hier?

*Maria und Josef:* Macht auf die Tür!
Macht auf die Tür!

*Wirtin:* Was wollt ihr zwei?
Was wollt ihr zwei?

*Maria und Josef:* Ist noch ein Zimmer frei?

*Wirtin:* Hab keinen Platz mehr! Leider!
Geht weiter! Geht weiter!

*Josef:* Es ist so spät! Lasst uns doch ein!

*Wirtin:* Nein, nein, nein!

*Maria:* Das kleinste Zimmer kann es sein!

*Wirtin:* Nein, nein, nein!

Sie knallt die Tür zu und geht davon.

*Josef:* Sie lässt uns einfach draußen stehn!

*Maria:* Komm, Josef, lass uns weitergehn!

Sie gehen langsam weiter und klopfen beim nächsten Gasthaus an.

*Wirt:* Wer klopft denn hier?
Wer klopft denn hier?

*Maria und Josef:* Macht auf die Tür!
Macht auf die Tür!

*Wirt:* Was wollt ihr zwei?
Was wollt ihr zwei?

*Maria und Josef:* Ist noch ein Zimmer frei?

*Wirt:* Es ist nichts frei mehr. Leider!

*Josef:* Ach, schickt uns doch nicht weiter!

| | |
|---|---|
| *Maria:* | Der Weg war lang!<br>Der Weg war weit! |
| *Wirt:* | Ihr tut mir leid, ihr guten Leut'!<br>Wie gern ich euch doch helfen möcht'! |
| *Josef:* | Das kleinste Zimmer wär' uns recht! |
| *Wirt:* | Mein alter Stall! Reicht der euch aus? |

Maria und Josef nicken.

| | |
|---|---|
| *Wirt:* | Kommt mit! Ich führe euch hinaus! |

Der Wirt führt Maria und Josef zu dem Stall.

*2. Szene*

Die Hirten liegen mit ihren Schafen und Hunden zusammen und schlafen. Da wird es plötzlich hell. Einer richtet sich auf und weckt die anderen.

| | |
|---|---|
| *1. Hirte:* | Ein helles Licht hat mich geweckt! |
| *2. Hirte:* | Das helle Licht hat mich erschreckt! |
| *3. Hirte:* | Ein Licht jetzt mitten in der Nacht,<br>das hat uns alle wach gemacht! |
| *Die Hirten:* | Was kann das sein? Was ist geschehn? |
| *1. Hirte:* | Dort drüben seh ich jemand stehn! |
| *2. Hirte:* | Um ihn herum ist helles Licht! |
| *Engel:* | Ihr Hirten, fürchtet euch doch nicht! |
| *3. Hirte:* | Wer steht vor uns im hellen Schein? |
| *1. Hirte:* | Seht doch, das muss ein Engel sein! |
| *2. Hirte:* | Wenn Gott den Engel zu uns schickt,<br>kein Wunder, dass man da erschrickt! |
| *3. Hirte:* | Seht, noch mehr Engel stehen da! |
| *1. Engel:* | Hört zu, was heute Nacht geschah! |
| *2. Engel:* | Geboren ist heut Jesus Christ,<br>der euer Herr und Bruder ist. |

*3. Engel:* In einer Krippe liegt das Kind
im Stall, wo Ochs und Esel sind.

*4. Engel:* Ihr braucht nur zu dem Stall zu gehn,
dann könnt ihr alles selber sehn!

*5. Engel:* Beeilt euch! Bleibt nicht länger stehn!
Lauft schnell zum Stall, um es zu sehn!

*3. Hirte:* Habt ihr's gehört? Lasst uns gleich gehn,
denn dieses Kind will jeder sehn!

Sie laufen zum Stall. Die Engel folgen ihnen langsamer und stellen sich dann im Hintergrund des Stalls auf.

*3. Szene*

Maria und Josef sind im Stall bei der Krippe mit dem Kind. Die Hirten kommen angelaufen und klopfen an die Stalltür.

*Maria:* Kommt nur herein!
Kommt nur herein!

Die Hirten treten ein.

*1. Hirte:* Ein Kind soll hier geboren sein!

*2. Hirte:* Sein Name, der ist Jesus Christ!

*3. Hirte:* Ein Kind, das unser Bruder ist.

*Maria:* Seht her, hier liegt es!

*Josef:* Kommt heran, damit es jeder sehen kann!

Die Hirten gehen zögernd zur Krippe.

*Maria:* Mein Kind! Kommt her, ihr wisst es schon:
Das Kind ist Gottes lieber Sohn!

Die Hirten knien nieder.

*Hirten:* So grüßen wir dich, Jesus Christ,
weil du zu uns gekommen bist!

*4. Szene*

Die Könige kommen herangezogen und bleiben vor dem Stall stehen. Sie klopfen an.

| | |
|---|---|
| *Josef:* | Schon wieder klopft es! |
| *Maria:* | Kommt herein! |
| *Kaspar:* | Hier werden wir wohl richtig sein! |
| *Melchior:* | So lange folgten wir dem Stern<br>und suchten Gottes Sohn, den Herrn! |
| *Balthasar:* | Und dieser Stern hat heute Nacht<br>uns hier zu diesem Stall gebracht. |
| *Kaspar:* | Soll hier der Herr geboren sein? |
| *Maria:* | Da liegt das Kind! Kommt nur herein! |

Die Könige gehen zur Krippe.

| | |
|---|---|
| *Könige:* | So treten wir ganz nah heran<br>und beten froh den König an! |

Die Hirten rücken zur Seite und machen den Königen Platz an der Krippe. Alle singen gemeinsam mit den Zuschauern ein Weihnachtslied, das vorher eingeübt worden ist.

## Singt mit uns von der Weihnachtsnacht

T: Rolf Krenzer
M: Stephen Janetzko

2. Es gab auch Hirten in dieser Nacht,
die hielten bei den Schafen Wacht.
Da haben die Engel ihnen verkündet,
wo man das Kind in der Krippe findet,
das Gott in die Welt zu uns gesandt.
So kam es, dass es ein jeder fand.

3. Drei weise Herren kamen dann von fern
und folgten froh dem hellen Stern.
Sie suchten den König, den Gott verheißen,
und nirgends ließen sie sich abweisen.
Sie fragten jeden und überall.
So kamen sie zu dem Kind im Stall.

4. Wie jeder im Stall sich einst gefreut,
so freuen wir uns alle heut.
Gott hat uns den eigenen Sohn gegeben.
Er schenkt uns Liebe und neues Leben.
Wir feiern Weihnachten Jahr für Jahr
und denken daran, wie's damals war.

# Das Spiel vom Weihnachtslicht

*Mitspieler:*
Die Hirten Andreas, Jakob, Markus, Micha, Absalom und der kleine Hirtenjunge Jonathan.

Die Bühne ist hell erleuchtet. Die Hirten stehen beieinander und können es immer noch nicht fassen, was ihnen der Engel gesagt hat. Nach und nach weicht ihre Verkrampftheit. Sie werden gelöster und beraten, was sie dem Kind, das sie nun im Stall aufsuchen wollen, als Geburtstagsgeschenk mitbringen können.

**Spieltext**

*Andreas:* Der Himmel ist immer noch hell.

*Jakob:* Mitten in der Nacht ist der Himmel so hell wie am Tag!

*Markus:* Und ich hatte solche Angst, als plötzlich der Engel da stand.

*Micha:* Und uns! Ausgerechnet uns hat er es gesagt!

*Absalom:* Gottes Sohn liegt dort drunten im Stall in einer Krippe! Seltsam! Noch weiß kein Mensch in Betlehem etwas davon! Keiner außer uns weiß, dass in dem Stall der König des Himmels und der Erde geboren wurde.

*Andreas:* Lasst uns losgehen, damit wir den König begrüßen!

*Jakob:* Wir können doch nicht mit leeren Händen zu ihm kommen.

*Markus:* Ich nehme ein Schaf. Es ist gesund und gut genährt. Sie können es sicher brauchen.

*Micha:* Eine Kanne voll frischer Milch. Darüber werden sich die Leute freuen.

*Absalom:* Nachts wird es kalt. Und durch den Stall bläst der Wind. Ich nehme die warme Decke mit. Sie können sie über das Kind legen, damit es nicht friert.

*Andreas:* Meine Tochter hat mir den neuen Umhang gewebt. Der alte reicht mir immer noch. Ich nehme den Umhang mit. Sie werden ihn nötiger brauchen als ich.

*Jakob:* Da ist noch der Krug mit Wein. Ich habe ihn immer aufgehoben für einen ganz besonderen Anlass. Glaubt mir, das ist der richtige Anlass. Das soll mein Geschenk sein.

Jonathan, der Hirtenjunge, hat die ganze Zeit dabeigestanden. Er blickt ratlos von einem zum anderen.

*Jonathan:* Was soll ich dem Kind mitbringen? Ich habe doch gar nichts!

*Micha:* Es ist ja auch nicht viel, was wir haben. Und von einem kleinen Hirtenjungen weiß jeder, dass er nichts hat, was er herschenken könnte.

*Andreas:* Du brauchst wirklich nichts zu schenken. Am wichtigsten ist es doch, dass du mitkommst und das Kind in der Krippe siehst!

*Jonathan:* Ich möchte ihm aber auch etwas schenken!

*Markus:* Weißt du was: Du hilfst mir, das Schaf zu tragen. Dann schenken wir es dem Kind gemeinsam.

*Jonathan:* Nein, ich möchte ihm ganz allein etwas schenken. Ich möchte ihm etwas schenken, weil ich mich so freue.

*Absalom:* Dann beeile dich und suche noch etwas. Vielleicht einen schönen Stein oder die Flöte, die du dir gestern geschnitzt hast.

*Jonathan:* Er ist doch noch viel zu klein, um darauf zu spielen.

*Absalom:* Später einmal, wenn er größer geworden ist.

*Jonathan:* Dann ist die Flöte längst vertrocknet.

*Andreas:* Jetzt steht nicht mehr länger hier herum. Holt das, was ihr schenken wollt. Seht, der Himmel wird wieder dunkel.

Das Licht nimmt ab. Die strahlende Helligkeit weicht.

*Micha:* Wir treffen uns dort drüben. Beeilt euch, damit wir endlich nach Betlehem kommen!

Die Hirten laufen nach allen Seiten davon. Nur Jonathan bleibt allein zurück.

*Jonathan:* Irgendetwas muss es doch geben, was ich dem Kind schenken kann. Ich habe doch nichts als das, was ich anhabe: den schäbigen Hirtenrock und die alten Sandalen.

Er betrachtet seinen Rock.

Den hat mir der Andreas aus seinem alten Hirtenrock genäht, weil meiner kaputt war. Nein, der ist auch nicht gut genug. Er ist schon abgetragen. Und was will das Kind mit dem alten geflickten Hirtenrock? Nackt kann ich auch nicht herumlaufen. Aber die Sandalen!

Er betrachtet die Sandalen.

Nein! Erstens sind sie hier schon eingerissen. Und was will ein Baby mit Sandalen, die ihm viel zu groß sind? Aber irgendetwas muss es doch geben, was ich ihm schenken kann. Lieber Gott, ich will doch nicht mit leeren Händen zu deinem Sohn kommen! Da wird der König der Welt geboren, und ich bin so arm, dass ich ihm noch nicht einmal etwas schenken kann.

Micha geht mit seiner Milchkanne vorüber.

*Micha:* Na, Jonathan, hast du etwas gefunden?

*Jonathan:* Nein!

*Micha:* Du hast auch noch ein bisschen Zeit. Ich bin anscheinend der erste.

*Jonathan:* Lieber Gott, hilf mir, dass ich noch etwas finde. Ich suche jetzt alles hier ab. Es wird auch immer dunkler, so dass man kaum noch etwas sehen kann. Und da soll ich ein Geschenk finden!

*Andreas:* Siehst du, ich habe meinen alten Umhang wieder angezogen. Der reicht mir aus! Und meine Tochter wird nicht böse sein, wenn sie erfährt, wem ich den neuen Umhang geschenkt habe.

Jonathan kramt aus seinem Kittel einen Kerzenstummel hervor.

*Jonathan:* Andreas!

*Andreas:* Du hast sicher doch nichts gefunden!

*Jonathan:* Leider! Aber darf ich an deiner Laterne meine Kerze anzünden? Es ist so dunkel geworden. Da finde ich überhaupt nichts.

*Andreas:* Komm, Kleiner! Ach, du weinst ja! So schlimm ist das doch nicht! Kein Mensch erwartet von einem armen Hirtenjungen ein Geschenk. Ich habe es dir doch gesagt: Am wichtigsten ist, dass du das Kind in der Krippe siehst!

Jonathan zündet seine Kerze an.

Na, vielleicht findest du ja doch noch etwas! Ich gehe schon zu Micha. Die anderen werden auch bald da sein.

Jonathan beginnt, im Schein der Kerze den Boden abzusuchen. Er sucht überall, findet aber nichts. Da setzt er sich schließlich auf den Boden, stellt die Kerze vor sich hin und legt den Kopf vor Traurigkeit in beide Hände. Nach einer Weile kommt Jakob, bleibt verwundert stehen, sieht Jonathan und die brennende Kerze.

*Jakob:* He, Jonathan! Das ist aber eine Überraschung! Da bringen wir dem König der Welt alle möglichen Geschenke. Und du sagst, du hast nichts für ihn! Dabei hast du das allerschönste Geschenk für ihn!

*Jonathan:* Aber Jakob, ich habe doch gar nichts! Ich habe überall gesucht und nichts gefunden!

*Jakob:* Andreas, Micha! He! Absalom, Markus! Kommt doch schnell mal her! Ja, hier her! Hier zu Jonathan und mir! Beeilt euch! Das müsst ihr sehen!

Die anderen Hirten kommen herbei und stehen im Halbkreis um Jonathan und Jakob.

Schaut euch diesen Knirps an! Da hält er in seiner Hand eine leuchtende Kerze und behauptet, er hat nichts, was er dem Kind schenken kann!

*Jonathan:* Soll ich dem Kind vielleicht die kleine Kerze schenken?

*Jakob:* Es gibt nichts Schöneres! Sagt ehrlich: Gibt es etwas Schöneres?

*Andreas:* Jakob hat Recht!

*Micha:* Das kleine Licht schenkt Freude und Geborgenheit.

*Markus:* Es leuchtet durch die Dunkelheit!

*Absalom:* Ja, Jonathan, es ist wirklich das schönste Geschenk! Zuerst der helle Schein um die Engel am Himmel. Und jetzt das Leuchten deiner Kerze mitten in der Nacht.

*Andreas:* Jetzt müssen wir aber endlich gehen! Halte deine Hand schützend vor die kleine Flamme! Gib Acht, dass sie nicht verlöscht! Du darfst auch als erster in den Stall gehen und das Kind begrüßen. Das helle Licht wird uns alle glücklich machen.

Jonathan geht langsam los, die anderen Hirten folgen ihm. Markus und Absalom bleiben noch einen Augenblick stehen.

*Markus:* Wartest du auf mich, weil ich mein Schaf noch holen will? Ich habe es dort drüben festgebunden.

*Absalom:* Seltsam, da gibt man sich die größte Mühe, ein schönes Geschenk zu finden. Und der kleine Knirps findet das schönste!

*Markus:* Weißt du, was am seltsamsten daran ist: Wir hätten uns doch ärgern können, dass ausgerechnet er dieses kleine Licht für den König der Welt hat. Aber keiner von uns ist neidisch. Niemand ärgert sich. Nein, wir freuen uns alle so sehr, dass wir Jonathan und sein Licht haben. So, jetzt muss ich aber mein Schaf holen!

Markus geht und Absalom folgt ihm.

Das Spiel beginnt und endet mit einem von allen Spielern (eventuell zusammen mit allen, die dem Spiel als Zuschauer beiwohnen) gesungenen Lied:

## Die im Dunkeln stehn
Kanon

T: Rolf Krenzer
M: Kristina Krenzer

# Jesus findet Freunde

# Wir haben dich überall gesucht

Jesus sitzt im Kreis mit den Priestern und spricht leise mit ihnen. Maria und Josef kommen von zwei Seiten und treffen sich im Vordergrund.

**Spieltext**

*Josef:* Jetzt bin ich noch einmal durch das ganze Viertel gegangen. In jeder Straße bin ich gewesen. Überall habe ich nach dem Jungen gefragt.

*Maria:* Was sollen wir nur tun? Wenn ihm nur nichts passiert ist! Mit zwölf Jahren ist er doch noch ein Kind!

*Josef:* Aber alt genug, um zu wissen, welche Sorgen wir uns um ihn machen. Alt genug, um nach Nazaret zurückzufinden. Er braucht ja nur jemand nach dem Weg zu fragen.

*Maria:* Und wenn wir uns verpasst hätten? Drei Tage lang kann doch ein Kind nicht verschwunden sein!

*Josef:* Wir haben hier gesucht. Dann sind wir nach Nazaret gegangen. Und jetzt sind wir schon wieder ein paar Stunden hier. Wenn er nach Nazaret gegangen wäre, hätte er uns jetzt begegnen müssen.

*Maria:* Was ich jetzt noch tun kann, ist beten. Gott wird ihn bestimmt beschützen. Er ist doch sein Sohn.

*Josef:* Gehen wir in den Tempel! Bitten wir Gott, dass wir Jesus finden!

Sie wenden sich den Priestern zu, wollen an ihnen vorübergehen, doch da entdecken sie Jesus in deren Mitte.

*Maria:* Da, sieh nur!

*Josef:* Das ist doch nicht möglich!

*Maria:* Wie kommt er in den Tempel?

*Josef:* Jesus! He, Jesus!

Jesus erkennt seine Eltern, steht auf, nickt den Priestern zu und geht zu seinen Eltern.

*Maria:* Was machst du hier? Überall habe ich dich gesucht! Ich habe mir solche Sorgen um dich gemacht!

*Josef:* Drei Tage lang haben wir dich überall gesucht! Wie konntest du uns das antun?

*Maria:* Warum machst du uns solchen Kummer?

*Jesus:* Warum habt ihr mich denn gesucht?

*Josef:* Das ist eine Frage! Kannst du dir nicht vorstellen, wie aufgeregt wir waren? Kannst du dir nicht denken, welche Sorgen wir uns um dich gemacht haben?

*Jesus:* Ich musste doch im Haus meines Vaters sein!

Maria blickt unter sich. Josef und Maria gehen ein Stück auseinander, so dass Jesus ganz allein zwischen ihnen zurückbleibt. Sie schweigen.

*Jesus:* Mutter!

Maria antwortet nicht. Jesus blickt zu Josef hin, doch dieser wendet sein Gesicht ab.

*Jesus* (leise): Ich musste doch im Haus meines Vaters sein!

*Maria:* Wir wollten jetzt im Tempel beten. Wir wussten einfach nicht mehr weiter.

*Josef:* Und im Tempel finden wir ihn dann!

*Maria:* Ja, im Tempel!

Jesus geht auf Maria zu, legt den Arm um sie.

*Jesus:* Ich musste im Haus meines Vaters sein!

Da drückt Maria ihn an sich.

*Maria:* Komm, Josef, wir haben ihn wiedergefunden ...

*Josef:* Ich verstehe das alles nicht!

*Maria:* Komm, Josef, wir gehen nach Hause.

Sie wendet sich Jesus zu.

*Maria:* Kommt du *jetzt* mit?

Jesus nickt. Sie gehen langsam ab.
Josef schüttelt verständnislos den Kopf und folgt ihnen.

# Jesus findet Freunde

Ein Rollenspiel

*Mitspieler:*
Erzähler/in, Jesus, 2 Fischer, 3 Männer, Zöllner.

**Spieltext**

*Erzähler/in:* Jesus geht allein durch das Land. Er erzählt den Menschen von Gott. Er sucht Leute, die ihm dabei helfen. Am See stehen zwei Fischer. Sie wollen Fische fangen.

Zwei Kinder stellen pantomimisch dar, dass sie angeln, die Netze auswaschen, Fische in einen Eimer legen. Jesus geht zu ihnen hin, bleibt bei ihnen stehen und schaut ihnen zu.

*Jesus:* Kommt mit mir!

*1. Fischer:* Wer bist du?

*Jesus:* Ich bin Jesus.

*2. Fischer:* Und was willst du von uns?

*Jesus:* Ihr sollt mir helfen, den Menschen von Gott zu erzählen.

*1. Fischer:* Hast du keine Arbeit?

*Jesus:* Ich erzähle den Menschen von Gott. Das ist meine Arbeit. Es ist eine wichtige Arbeit.

*2. Fischer:* Du hast Recht! Ich komme mit!

*1. Fischer:* Ich komme auch mit. Wollen wir Freunde sein?

Die beiden Fischer reichen Jesus die Hände, und Jesus schlägt ein.

*Erzähler/in:* Jesus und die beiden Fischer gehen zusammen durch das Land. Sie sind Freunde. Dort drüben auf dem See fahren drei Männer in einem Boot.

In einem Boot (umgekippter Tisch) rudern drei Männer. Jesus und die beiden Fischer sehen ihnen zu.

*Jesus:* Kommt mit uns!

*1. Mann:* Wer seid ihr?

*Beide Fischer:* Wir waren Fischer!
Ja, wir waren *auch* Fischer.

*Jesus:* Ich bin Jesus.

*1. Fischer:* Er ist unser Freund!

*2. Mann:* Und was willst du tun?

*Jesus:* Ich will den Menschen von Gott erzählen.

*3. Mann:* Und ihr?

*2. Fischer:* Wir sind seine Freunde. Wir gehen mit ihm.

*1. Mann:* Und eure Arbeit?

*1. Fischer:* Wir erzählen den Menschen von Gott. Das ist unsere Arbeit. Es ist eine wichtige Arbeit.

*1. Mann:* Du hast Recht!

Er fragt die anderen. Sie beraten leise.

*2. Mann:* Wir kommen mit!

Sie rudern ans »Ufer«, dann steigen sie aus, gehen auf Jesus zu.

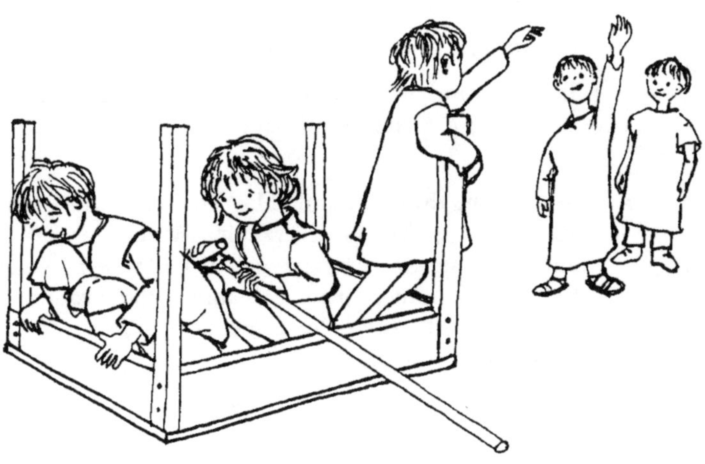

*3. Mann:* Wollen wir Freunde sein?

Die Fischer, Jesus und die drei Männer aus dem Boot geben sich die Hände. Dann gehen sie gemeinsam weiter.

*Erzähler/in:* An einem Tor steht ein Mann und verlangt Geld. Jeder, der in die Stadt will, muss Steuern bezahlen. Der Mann will auch Zoll von Jesus und seinen Freunden.

An einem Tisch steht der Zöllner. Er hält die Hand auf.

*Zöllner:* Halt! Ihr könnt nicht weiter! Zuerst müsst ihr Zoll bezahlen!

*Jesus:* Ich habe keine Waren. Ich erzähle den Menschen von Gott.

*Zöllner:* Und die anderen?

*Jesus:* Das sind meine Freunde!

*Zöllner:* Haben sie keine Arbeit?

*Jesus:* Doch! Von Gott erzählen ist unsere Arbeit. Es ist eine wichtige Arbeit.

*1. Fischer:* Komm mit uns!

*Zöllner:* Ihr seid alle seine Freunde?

Er zögert. Als Jesus auf ihn zugeht, gibt er ihm die Hand.

*Zöllner:* Ich komme mit. Darf ich auch dein Freund sein?

Jesus geht auf ihn zu, umarmt ihn. Die anderen geben ihm die Hand, nehmen ihn in ihre Gruppe auf, und gemeinsam gehen sie weiter.

*Erzähler/in:* Jesus zieht durchs Land. Die Menschen hören ihm zu, wenn er von Gott erzählt. Manche gehen mit ihm, weil sie immer ganz nah bei ihm sein wollen. Es werden immer mehr – Männer und Frauen. Sie sind alle seine Freunde. Seine besten Freunde sind seine zwölf Jünger.

# So gehn wir mit dir

Ein Spiellied

*Spielvorschlag:*
Ein Kind stellt Jesus dar, geht von einem zum anderen und lädt ihn ein, mit ihm zu kommen. Die Fischer, die Schiffer, der Zöllner können zunächst mit typischen Gesten dargestellt werden. Die Fischer werfen Netze aus oder angeln, die Schiffer rudern, und der Zöllner steht am Tor und kassiert.
Viele andere kommen hinzu, bis sie alle mit Jesus gehen.
Es ist bekannt, dass manche Menschen die Nachfolge verweigert haben, z.B. der reiche Jüngling. Hierauf wurde im Text nicht eingegangen, weil es eine Rolle ist, die Kinder nicht gern darstellen. Sie geraten durch die negative Haltung in eine Außenseiterstellung im Spiel.
Da es aber sicher ist, dass nicht nur Männer, sondern viele Frauen mit Jesus gingen und seine Jüngerinnen wurden, sind sie hier bewusst aufgenommen, ebenso wie die Kinder.
Das Lied endet mit einem direkten Bezug zur Gegenwart.

# So gehn wir mit dir

T: Rolf Krenzer M: Paul G. Walter

2. Als Jesus durch das Land zieht,
lädt er den Zöllner ein.
Sag Zöllner, willst du mit mir gehn,
willst du mit mir gehn,
willst du mein Freund auch sein?

Refr.:
Sag, gehst du mit mir?
Gehst du mit mir?
Dann bin ich nicht mehr so allein,
und Gott
und Gott
und Gott wird bei uns sein.
So gehn wir mit dir,
gehn wir mit dir,
und wir sind niemals mehr allein,
denn Gott,
denn Gott,
denn Gott wird bei uns sein.

3. Als Jesus durch das Land zieht,
lädt er die Frauen ein.
Ihr Frauen, wollt ihr mit mir gehn,
wollt ihr mit mir gehn
und meine Freunde sein?

Refr.:
Sagt, geht ihr mit mir?
Geht ihr mit mir?
Dann bin ich nicht mehr so allein,
und Gott
und Gott
und Gott wird bei uns sein.
So gehn wir mit dir,
gehn wir mit dir,
und wir sind niemals mehr allein,
denn Gott,
denn Gott,
denn Gott wird bei uns sein.

4. Als Jesus durch das Land zieht,
lädt er die Männer ein.
Ihr Männer, wollt ihr mit mir gehn,
wollt ihr mit mir gehn
und meine Freunde sein?

Refr.:
Sagt, geht ihr mit mir? ...

5. Als Jesus durch das Land zieht,
lädt er die Kinder ein.
Sagt, Kinder, wollt ihr mit mir gehn,
wollt ihr mit mir gehn
und meine Freunde sein?

Refr.:
Sagt, geht ihr mit mir? ...

6. Weil Jesus alle lieb hat,
drum lässt er keinen stehn.
So lädt er alle, groß und klein,
auch noch heute ein
mit ihm zu Gott zu gehn.

Refr.:
Sagt, geht ihr mit mir?
Geht ihr mit mir,
dann bin ich nicht mehr so allein,
und Gott
und Gott
und Gott wird bei uns sein.

# Wir gehen nicht allein

Lied und Spiel

Einer stellt Jesus dar und geht zu dem Lied zu den Menschen, die um ihn herum sind. Zunächst wenden sich einige ab, aber immer mehr interessieren sich für diesen Jesus und singen den Refrain bereits mit.

Darauf geben sich die Mitspieler nach und nach die Hände, so dass die Kette von Strophe von Strophe länger wird.

Zum Schluss geht Jesus auf den letzten in der Kette zu, gibt ihm die Hand und schließt so den Kreis. Im Kreis singen wir dann die letzte Strophe.

## Da kam ein Mann des Wegs daher

T: Rolf Krenzer
M: Reinhard Horn

2. Manch einer wollte weitergehn.
Was geht der Mann mich an?
Doch dieser Mann blieb einfach stehn
und fing zu reden an.

3. Sie hörten zu und fragten sich,
ob sie sich nicht geirrt.
Denn was der Mann ganz einfach sagt',
hat jeden doch verwirrt.

4. »Gott hat mich auf die Welt geschickt
und ich bin Gottes Sohn!«
Da fragt sich mancher insgeheim:
Wo hat er seinen Thron?

5. Als sie ihm in die Augen sah'n,
da dämmert's nach und nach,
dass dieser Mann, so spürten sie's,
bei Gott die Wahrheit sprach.

6. So unauffällig war der Mann,
nicht mächtig und nicht reich.
Da ließ so mancher alles stehn
und folgte ihm sogleich.

7. So viele Männer, so viel Frau'n,
die folgten Jesus nach.
Sie glaubten ihm und dankten ihm,
wenn er zu ihnen sprach.

# Jesus und die Kinder

Ein Spiel für Kinder und Erwachsene

*Hinweise zum Spiel:*
Erfahrungsgemäß ist das Spiel für alle am eindrucksvollsten, wenn es von Kindern und Erwachsenen gemeinsam gespielt wird.
Requisiten und Kostüme sind nicht erforderlich.

*Mitspieler:*
Erzähler/in, Jesus und seine Jünger, Erwachsene und Kinder.

**Spieltext**

*Erzähler/in:* Einmal kommt Jesus mit seinen Freunden in eine Stadt.

Jesus kommt mit seinen Jüngern langsam herein.

Da freuen sich die Leute. Sie erkennen Jesus und grüßen ihn. Sie winken ihm zu und laufen zu ihm hin. Es werden immer mehr.

*Erwachsene:* Jesus kommt!
Seht, dort ist er!
Lauft zu ihm!
Ich komme mit!
Ich auch!

*Frauen:* Jesus kommt!
Kommt alle mit!
Wir wollen zu Jesus gehen.
Wir wollen ihm zuhören.

*Männer:* Jesus ist da!
Beeilt euch!
Wir wollen ihn begrüßen.
Wir wollen ihm zuhören.
Lauft!
Ich komme mit!
Ich auch!

Die Erwachsenen eilen von allen Seiten zu Jesus, umringen ihn und reden auf ihn ein.

*Erzähler/in:* Seht nur die Kinder! Sie wollen auch zu Jesus.

*Kinder:* Jesus ist da!
Ich möchte zu ihm!
Ich möchte ihn sehen!
Ich auch!
Ich auch!

*Erzähler/in:* Aber die Kinder sind klein. Sie können Jesus nicht sehen. Deshalb versuchen sie, sich zwischen den großen Leuten hindurchzudrücken. Seht doch nur! Das Mädchen hat es schon fast geschafft ... und der Junge auch. Aber die Großen? Sie drängen sie zurück und lassen sie nicht durch!

Die Kinder versuchen, in den Kreis hineinzugelangen. Sie versuchen es von allen Seiten. Die Erwachsenen stehen wie eine Mauer und schütteln die Kinder unwillig ab und drängen sie zurück. So gelingt es den Kindern nicht, durch die Mauer der Erwachsenen hindurchzukommen.

*1. Mann:* Geht weg! Wir können euch hier nicht gebrauchen.

*1. Frau:* Verschwindet!

*2. Mann:* Haut ab, ihr stört!

*2. Frau:* Spielt woanders!

*3. Mann:* Ihr stört uns jetzt!

*Kind:* Aber Jesus ist doch da!

*Alle Kinder:* Wir wollen zu Jesus! Wir wollen zu Jesus!

*3. Frau:* Jesus hat jetzt keine Zeit für euch!

*4. Mann:* Er muss mit den großen Leuten sprechen! Mit den Erwachsenen!

*4. Frau:* Geht und spielt dort!

*Erzähler/in:* Ob Jesus bemerkt, was hier passiert? Ja, er hat aufgehört zu reden. Und jetzt macht er sich mit beiden Händen Platz und kommt aus dem Kreis heraus.

Jesus tritt aus dem Kreis. Er hebt die Hand.

*Jesus:* Halt!

Er wendet sich den Kindern zu und gibt ihnen die Hand.

Du und du, du und du!
Ich freu' mich, dass du da bist.
Kommt zu mir! Ja, ich freue mich, dass ihr da seid!

Jesus wendet sich den Erwachsenen zu.

*Jesus:* Lasst die Kinder doch zu mir kommen!

*Erzähler/in:* Er sagt den Erwachsenen noch mehr. Er sagt: Haltet die Kinder nicht ab, zu mir zu kommen! Gerade für sie steht Gottes neue Welt offen. Wenn ihr nicht wie die Kinder werdet, werdet ihr niemals verstehen, warum ich zu euch gekommen bin und was ich euch sage.

Jesus wendet sich wieder den Kindern zu.

*Jesus:* Kommt zu mir! Ich will euch von Gott erzählen.

*Mann:* Das wollen wir auch hören!

*Frau:* Sei still! Ich will Jesus zuhören!

Die Kinder stehen um Jesus herum. Die Erwachsenen stellen sich hinter ihn. Langsam schließt sich der Kreis wieder. Der Erzähler/die Erzählerin kommt zur Mitte und tritt vor den Kreis.

*Erzähler/in:* Jesus sagt: Gott hat alle Kinder lieb, weil sie ihm vertrauen. Genauso wie die Kinder sollen auch die Erwachsenen Gott vertrauen.

# Jesus und die Kinder

Lied und Spiel

*Mitspieler:*
Sprecher/in, Jesus, Jünger, Kinder.

**Spieltext**

*Sprecher/in:* Seht nur, da kommen Kinder auf Jesus zu!
Viele Kinder!
Sie erkennen ihn sogleich und laufen zu ihm hin.
Da nützt es den Erwachsenen nichts, wenn sie die Kinder zurückdrängen und wegjagen wollen. Sie denken nämlich, die Kinder stören Jesus, weil er den Erwachsenen Wichtiges zu sagen hat.

Die Kinder eilen auf Jesus zu. Die Jünger drängen sich dazwischen, wollen sie nicht zu Jesus lassen.
Jesus treibt unwillig die Jünger auseinander und geht auf die Kinder zu.

*Jesus:* Lasst doch die Kinder zu mir kommen!
Haltet sie nicht zurück!
Gerade den Kindern will ich von Gott erzählen.

## Jesus und die Kinder

T: Rolf Krenzer
M: Martin Göth


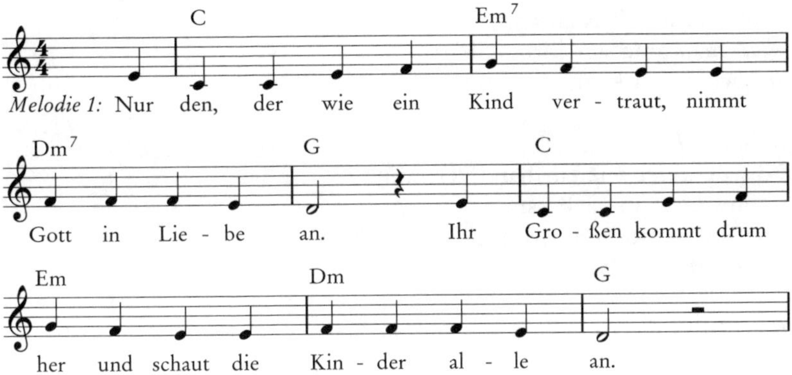


*Jesus fragt die Kinder:* Könnt ihr lachen?

*Die Kinder lachen laut:* Hahaha ...

*Melodie 1:*
Nur den, der wie ein Kind vertraut,
nimmt Gott in Liebe an.
Ihr Großen kommt drum her und schaut
die Kinder alle an.

*Jesus fragt die Kinder:* Könnt ihr singen?

*Die Kinder singen laut:* Lalala ...

*Melodie 2:*
Hört nur, wie die Kinder singen.
Seht und hört's euch an!
Weil man grad aus ihrem Singen
so viel lernen kann.

*Melodie 1:*
Nur den, der wie ein Kind vertraut,
nimmt Gott in Liebe an.
Ihr Großen kommt drum her und schaut
die Kinder alle an.

*Jesus fragt die Kinder:* Könnt ihr spielen?

Die Kinder nehmen Jesus in die Mitte und ziehen mit ihm »durch die Brücke«.

*Melodie 2:*
Seht nur, wie die Kinder spielen.
Seht und hört's euch an!
Weil man grad aus ihrem Spielen
so viel lernen kann.

*Melodie 1:*
Nur den, der wie ein Kind vertraut,
nimmt Gott in Liebe an.
Ihr Großen kommt drum her und schaut
die Kinder alle an.

*Jesus fragt die Kinder:* Könnt ihr tanzen?

Die Kinder geben Jesus die Hand und tanzen zu der folgenden Strophe mit ihm.

*Melodie 2:*
Seht nur, wie die Kinder tanzen.
Seht und hört's euch an!
Weil man grad aus ihrem Tanzen
so viel lernen kann.

*Melodie 1:*
Nur den, der wie ein Kind vertraut,
nimmt Gott in Liebe an.
Ihr Großen kommt drum her und schaut
die Kinder alle an.

*Sprecher/in:* Ja, so ist das: Wer sich Gott nicht wie ein Kind anvertraut, der wird nicht erfahren, wie lieb Gott ihn hat.

# Jesus und Zachäus

Ein Rollenspiel

*Hinweise zum Spiel:*
Das Spiel braucht einen Erzähler oder eine Erzählerin, die den übrigen Mitspielern die jeweiligen Anregungen zum Handeln gibt.
Der *Baum*, auf den Zachäus klettert, kann von einem Kind dargestellt werden. Es steht vor einem Stuhl und seine ausgebreiteten Arme stellen die Äste dar. Zachäus steigt auf den Stuhl und kann dann über die Äste zu Jesus hinunterblicken.
Außerdem brauchen wir einen *Tisch*, an dem Zachäus zu Beginn des Spiels sitzt und den Zoll einkassiert.
Das *Stadttor*, vor dem Zachäus steht oder sitzt, kann auch von Mitspielern dargestellt werden, die sich gegenüberstehen und mit ihren ausgebreiteten Armen einen Torbogen bilden.
Die Leute gehen dann durch dieses Stadttor in die Stadt hinein.
Das *Haus* kann durch einen Tisch mit Stühlen angedeutet werden.
Zum Spiel brauchen wir außerdem noch etwas *Geld* oder etwas, was Geld darstellen kann (Papierschnitzel usw.), einen Geldsack oder Geldbeutel und *Geschirr* auf dem Tisch, gegebenenfalls auch etwas, was man wirklich essen kann und wozu Zachäus Jesus einlädt.
Kostüme sind nicht erforderlich.
Eventuell können wir gemeinsam ein großes buntes Stadtbild (Collage, Fingerfarben, Buntstifte usw.) als Gemeinschaftsarbeit anfertigen und an der Wand, vor der gespielt wird, aufhängen.

*Mitspieler:*
Erzähler/in, Jesus, Zachäus, ein paar Jünger und Jüngerinnen, Männer und Frauen aus Jericho.

**Spieltext**

*Erzähler/in:* Ich will von Zachäus erzählen. Er sitzt vor dem Stadttor und lässt keinen vorbei, der ihm nicht Geld gibt. Seht nur!

Zachäus sitzt an einem Tisch. Vor ihm liegt viel Geld oder ein Geldsack. Er hält die Leute an, die in die Stadt wollen, und streckt ihnen seine geöffnete Hand hin. Erst wenn die Leute Geld hineinlegen, dürfen sie weitergehen.

*Zachäus:* Halt! Wohin wollen Sie?

*Frau:* Ich will in die Stadt und Eier verkaufen. Auch Gemüse und Salat aus meinem Garten!

*Zachäus:* Zeigen Sie her!

*Frau:* Kann ich jetzt weitergehen?

*Zachäus:* Das kostet Zoll!

*Frau:* Ich habe nicht viel Geld.

*Zachäus:* Also: Wollen Sie in die Stadt oder nicht?

Die Frau sucht in ihrer Tasche und reicht Zachäus das Geld.

*Frau:* Das ist viel zu teuer!

Zachäus steckt das Geld in seine Hosentasche.

*Erzähler/in:* Da kommt schon der Nächste! Seht nur, er greift auch in die Tasche und muss bezahlen! Und die Frau, die gerade durch das Stadttor kommt, auch! Seht doch nur, der Frau nimmt er auch noch Geld ab. Und jetzt dem Mann dort auch! Jetzt kommen gleich drei auf einmal. Seht nur, schon streckt Zachäus wieder seine Hand aus!

Frau zetert vor Zachäus.

Alles, was der Erzähler/die Erzählerin spricht, soll von den Spielern stumm oder mit eigenen Worten in Szene gesetzt werden. So können viele weitere Szenen entstehen. Immer andere Menschen kommen an Zachäus vorbei. Er lässt sie erst durch, wenn er kassiert hat: Kaufleute, Mutter mit Kind, Reisende usw.

*Erzähler/in:* Viele Leute schimpfen über den Zachäus. Der Zöllner Zachäus nimmt nämlich mehr Geld ab als er nehmen darf. Und dieses Geld steckt er heimlich ein. Ja, Zachäus betrügt die Leute. Wirklich, dieser Zöllner Zachäus gefällt mir überhaupt nicht. Und nun kommt Jesus in die Stadt! Da freuen sich die Leute!

Zachäus sitzt an seinem Tisch und zählt sein Geld.

*Versch. Spieler:* Jesus kommt! Er kommt in unsere Stadt! Gleich wird er hier sein! Wir haben ihn schon gesehen! Seine Freunde kommen auch.

*Ein Mitspieler:* Jesus kommt! Jesus kommt!

Der Ruf pflanzt sich fort. Inwzischen kommt Jesus herein. Er geht an Zachäus vorbei. Zachäus blickt ihn mit großen Augen an.

*Erzähler/in:* Ja, jetzt geht Jesus mit seinen Freunden an Zachäus vorbei. Aber seht nur, der hält ihm nicht seine Hand hin. Nein, er nimmt Jesus keinen Zoll ab!

*Spieler:* Jesus ist da! Wir freuen uns, dass du gekommen bist!
Komm zu uns und erzähle uns von Gott! Wir hören dir gern zu.

Jesus geht dorthin, wo bereits der Baum steht, und beginnt, zu den Leuten zu sprechen. Er spricht leise oder stellt pantomimisch dar, dass er zu den Menschen spricht.

*Erzähler/in:* Da kommen die Leute von allen Seiten herbei. Sie umringen Jesus. Und jetzt sind es schon so viele, dass Jesus kaum noch zu sehen ist.

Zachäus ist von seinem Platz aufgestanden. Jetzt schleicht er um die Menge herum und versucht, nach vorn zu Jesus zu kommen. Es gelingt ihm nicht. Auch wenn er hochspringt, kann er Jesus nicht sehen.

*Erzähler/in:* Wo ist denn der Zachäus geblieben? Ah, da ist er! Er will Jesus sehen. Aber da ist er zu spät gekommen! Und zu klein ist er auch. Er kann sich recken und strecken wie er will, er schafft es nicht, über die anderen Leute hinwegzuschauen. Doch seht nur, jetzt hat er den Baum entdeckt! Was macht der Zachäus denn jetzt? Der Mann ist schlau! Er klettert tatsächlich auf den Baum. Ja, jetzt kann er über alle hinwegschauen. Und jetzt sieht er auch Jesus.

Während der Erzählung führt Zachäus alles aus, was gesagt wird. Als er feststellt, dass es ihm nicht gelingt, über die anderen hinwegzuschauen, klettert er auf den Baum.

*Zachäus:* Ich kann Jesus sehen! Ja, jetzt kann ich Jesus sehen!

*Erzähler/in:* Nun sieht Jesus ihn auch. Er unterbricht seine Rede. Und jetzt wendet er sich Zachäus zu.

*Jesus:* Zachäus, komm ganz schnell von dem Baum herunter!

*Zachäus:* Ich?

*Jesus:* Ja, du! Ich will dich zu Hause besuchen!

*Zachäus:* Mich?

*Jesus:* Steig herunter! Komm zu mir und zeige mir, wo du wohnst!

Zachäus steigt so schnell er kann von dem Baum herunter und läuft zu Jesus hin.

*Zachäus:* Du willst *mich* besuchen?

*Jesus:* Ja! Zeige mir den Weg!

*Zachäus:* Ich freue mich ja so! Bitte komm!

Er führt mit schnellen Schritten Jesus zu seinem Haus.

*Erzähler/in:* Ärgerlich sehen die Leute zu. Ausgerechnet zu diesem Zachäus geht Jesus.

Die Spieler bilden eine Wand und bewegen sich langsam mit Drohgebärden hinter Jesus und Zachäus her.

*Erzähler/in:* Da, jetzt sind sie schon bei Zachäus zu Hause.

Zachäus bietet Jesus einen Platz am Tisch an und bringt das Essen herbei.

*Erzähler/in:* Was ist denn mit den Leuten los? Mit hocherhobenen Fäusten gehen sie auf Zachäus zu. Sie ärgern sich, weil Jesus ausgerechnet zu diesem Zachäus gegangen ist.

Die Spieler schreien durcheinander.

*Spieler:* Warum geht Jesus nur dort hinein? Ausgerechnet zu Zachäus! Zachäus ist böse! Er nimmt immer zuviel Geld. Er ist ein Betrüger! Zachäus ist böse!

*Erzähler/in:* Und Jesus? Hat er auch gehört, was sie rufen? Er sagt nichts. Doch er blickt lange Zachäus an. O ja, Zachäus weiß ganz genau, was Jesus denkt. Er weiß auch, was Jesus von ihm will. Und er hört die Leute schreien, denen er Unrecht getan hat.

Zachäus wird nervös, er blickt Jesus an und macht deutlich, wie unangenehm ihm die vielen Leute sind.

*Zachäus:* Jesus!

*Jesus:* Ja?

*Zachäus:* Es tut mir leid! Ich gebe alles zurück, was ich ihnen zuviel abgenommen habe.

Jesus steht auf, geht zu Zachäus und legt den Arm um seine Schulter. Es wird ganz still. Zachäus geht auf die Leute zu und drückt ihnen Geld in die Hand. Jesus steht neben ihm.

*Zachäus:* Wer zu viel bezahlt hat, bekommt alles von mir zurück!

Zachäus verteilt das Geld an die Leute. Jesus geht auf ihn zu und gibt ihm die Hand.

*Jesus:* Jetzt freut sich Gott!

Die Spieler geleiten Jesus aus dem Kreis hinaus. Alle winken ihm nach, als er und seine Jünger davongehen. Auch Zachäus winkt.

*Erzähler/in:* Ja, jetzt gefällt mir dieser Zachäus. Es tut ihm leid, dass er die Leute betrogen hat. Er will alles wieder gutmachen.

# Jesus und Zachäus

Spiellied

Zachäus steht an einem Tisch. Alle, die an ihm vorbei wollen, müssen ihren Zoll entrichten. Zachäus hält die Hand auf und lässt sich das Geld hineinlegen. Wer kein Geld hat, wird zurückgeschickt.

## So war das in Jericho

T: Rolf Krenzer
M: Hans-Werner Clasen

1. Begleitform

*klatschen, patschen – kleines Schlagwerk* umgesetzt von Bärbel Bondesen

2. Begleitform

*Bass-Xylophon, Bass-Stäbe, Alt-Glockenspiel d, e, g, a, h*

3. Begleitform

*Sopran-Glockenspiel, Xylophone, C-Flöten*

Begleitform 4a)

*Alt-Metallstäbe, Sopran-Metallstäbe a, g*

Begleitform 4b)

*Alt- und Sopran-Metallstäbe fis, h, c*

Begleitform 4c)

*Alt- und Sopran-Metallstäbe d, e*

2. Zachäus ist ein böser Mann,
der keinem gut gefällt.
So sagt ein jeder: »Dieser Mann
nimmt immer zu viel Geld.«

Jesus kommt mit seinen Jüngern in die Stadt. Zachäus erkennt ihn, bleibt ruhig stehen, lässt ihn ungehindert an sich vorüberziehen.

3. Ihr Leute, lauft, denn Jesus ist
bei euch in Jericho!
Von allen wird der Herr begrüßt
und jedermann ist froh.

Die Leute geben Jesus die Hand und scharen sich um ihn. Es kommen immer mehr hinzu.

4. Zachäus ist ein kleiner Mann.
Drum sieht er Jesus kaum.
Damit er besser sehen kann,
steigt er auf einen Baum.

Zachäus geht um die Menschen herum und versucht, Jesus zu sehen. Als ihm das nicht gelingt, steigt er auf einen Baum. (Ein Spieler steht vor einem Stuhl mit ausgebreiteten Armen, die die Äste darstellen.) Zachäus steigt auf den Stuhl und blickt über die Schultern des Spielers.

5. Doch Jesus hat ihn gleich gesehn.
Er sagt: »Komm her zu mir!
Ich will mit dir nach Hause gehn.
Ich komme heut zu dir!«

Jesus winkt Zachäus vom Baum herunter. Er geht auf Zachäus zu.

6. So lädt Zachäus Jesus ein
und bietet ihm sodann
das beste Brot, den besten Wein
in seiner Wohnung an.

Zachäus führt Jesus und die Jünger zu seiner Wohnung (Tisch und Stühle) und holt zu essen und zu trinken herbei.

7. Die Leut aber stehn und schrein:
»Das ist bestimmt nicht recht!
Warum geht Jesus dort hinein?
Der Zöllner ist so schlecht!«

Die Leute, die vorher bei Jesus standen, nähern sich wütend. Sie drohen mit den Fäusten.

8. Zachäus schämt sich vor dem Herrn.
Er sagt mit ernstem Blick:
»Was ich genommen, geb ich gern
euch allen gleich zurück!«

Zachäus geht auf die Leute zu und leert seine Taschen aus. Er gibt den Leuten alles Geld zurück. Einige gehen danach auf ihn zu und geben ihm die Hand.

9. Da ist ein jeder wieder froh.
   Das könnt ihr wohl verstehn!
   Ja, so war das in Jericho
   und so ist es geschehn.

Zachäus geht in sein Haus zurück und Jesus gibt ihm die Hand.

*Refrain* (auch beliebig nach den vorherigen Strophen einsetzbar):

So, so, so, so, so war das in Jericho.
Ja, so, so, so, so, so war das in Jericho.

# Jesus erzählt

# Der gute Hirte

Eine Spielpantomime

*Mitspieler:*
Ein Erzähler bzw. eine Erzählerin, der Mann mit seinen Schafen, ein Hund, ein kleines Schaf, das sich verlaufen hat.
Kinder, die den Wald, den Berg, die Weide und das Gebüsch darstellen. Hierbei kann es sich immer um dieselben Kinder handeln.

*Hinweise zum Spiel:*
Das Spiel kann ohne Kostümierung gespielt werden. Der Schäfer kann aber auch einen Hut tragen.
Zu den Worten des Erzählers/der Erzählerin spielen die Kinder.
Es können auch einzelne Wörter und Sätze von den Kindern selbst eingebracht werden, z.B. das ängstliche und später freudige »Mäh« des kleines Schafes, das laute Abzählen der Schafe.

**Spieltext**

*Erzähler/in:* Jesus hat diese Geschichte erzählt. Die Geschichte von einem Mann und seinen Schafen. Seht her, da kommt er schon!

Der Schafhirte kommt mit seinen Schafen und dem Hund herein.

Ein Schäfer mit seinen Schafen. Ein Schafhirte. Den ganzen Tag war er mit seinen Tieren unterwegs. Er hat dafür gesorgt, dass sie überall etwas zu fressen gefunden haben. Jetzt treibt er sie nach Hause zum Stall. Hier hinter dem Zaun sind sie sicher.

Der Hund treibt die Schafe zusammen, so dass sie alle schließlich ganz nah um den Hirten herumstehen.

Seht, jetzt zählt er die Schafe! Jeden Abend zählt er nach, ob alle Schafe mitgekommen sind.

Der Hirte zählt die Schafe. Er hält dabei die Finger hoch, um das Zählen anzudeuten.

Was ist das? Etwas stimmt nicht! Seht nur, er zählt noch einmal!

Der Hirte zählt erneut.

Ein Schaf fehlt! Da treibt der Hirte die Schafe dicht zusammen. Sein Hund passt auf die Herde auf. Und der Hirte macht sich auf, um das eine Schaf zu suchen, das nicht mit heimgekommen ist.

Der Hund setzt sich nah zu den Schafen und passt auf sie auf. Der Hirte macht sich auf den Weg, um das verlorene Schaf zu suchen.

Es ist ein weiter Weg! Zuerst sucht er auf der Weide.

Der Hirte geht langsam im Kreis suchend herum.

Dann sucht er im Wald.

Viele Kinder stellen sich als Bäume in einem Wald auf. Der Hirte geht suchend langsam durch den Wald.

Nein, im Wald findet er sein Schaf nicht. Da sucht er es in den Bergen.

Die Kinder stellen sich ganz nah um einen Mittelpunkt herum aneinander, recken die Arme so hoch wie sie nur können und stellen so einen Berg dar. Der Hirte geht suchend um den Berg herum.

Nein, in den Bergen findet er sein Schaf auch nicht.
Aber dort in den Hecken, im Gebüsch!

Die Kinder fassen sich an den Händen, gehen in die Hocke und stellen so eine Hecke dar, in der sich nun das kleine verlorene Schaf versteckt.

Was war das?
War da nicht ein ängstliches Rufen?

*Schaf:* Mäh! Mäh!

*Erzähler/in:* Es kommt dort aus der Hecke.

*Schaf:* Mäh! Mäh!

Jetzt hat es der Hirte auch gehört. Seht nur, wie schnell er zu der Hecke läuft. Ja, dort ist sein Schäfchen. Die Hecke hält es fest. Die Dornen greifen nach seinem Fell. Sie lassen es nicht heraus.

Das Schäfchen versucht sich zu befreien, doch die Hecke hält es fest.

Jetzt ist der Hirte schon bei ihm. Ja, hier findet er sein Schäfchen. Und mit beiden Händen befreit er es aus der Hecke.

Der Hirte befreit das Schäfchen und streichelt es, als es endlich frei ist. Dann nimmt er es in die Arme.

Er nimmt es in seine Arme und bringt es heim.

Der Hirte bringt das Schäfchen zurück zu den anderen Schafen.

Jetzt sind alle froh – der Hirte und sein Schäflein.
Diese Geschichte hat Jesus erzählt. Jesus sagt: Genau wie der Hirte nach seinem verlorenen Schaf sucht, so sucht Gott nach uns Menschen und passt auf uns auf und hilft und beschützt uns.

# Mein Schäfchen, mein Schäfchen

T: Rolf Krenzer
M: Paul G. Walter


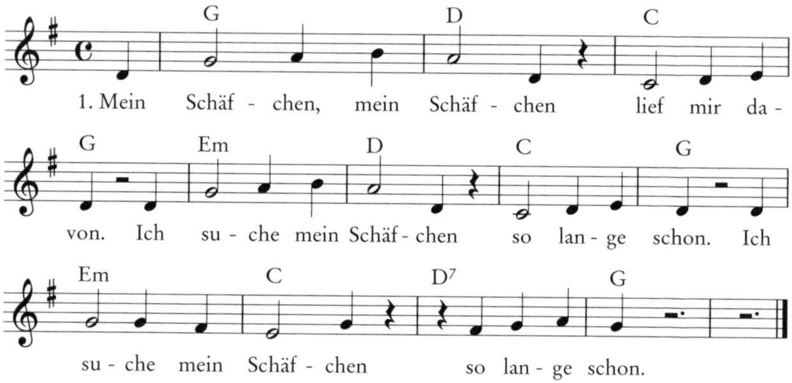


2. Mein Schäfchen, mein Schäfchen
ließ mich allein.
Ich kann ohne Schäfchen
nicht froh mehr sein.
Ich kann ohne Schäfchen ...

3. Es hat sich verlaufen
im Busch, im Dorn.
Mein Schäfchen, mein Schäfchen
hab' ich verlor'n.
Mein Schäfchen, mein Schäfchen ...

4. Hat einer von euch
mein Schäfchen gesehn?
Es darf meinem Schäfchen
doch nichts geschehn!
Es darf meinem Schäfchen ...

5. Mein Schäfchen, mein Schäfchen.
Ich sorge mich.
Wo find' ich mein Schäfchen,
wo find' ich dich?
Wo find' ich mein Schäfchen ...

6. Im Feld stehn die Hecken
so eng und dicht.
Ich suche mein Schäfchen
und find' es nicht.
Ich suche mein Schäfchen ...

7. Ich laufe voll Angst in
den Wald hinein.
Mein Schäfchen, mein Schäfchen,
wo kannst du sein?
Mein Schäfchen, mein Schäfchen ...

8. Am Wasser, am Berg und
am steilen Hang,
da wird mir beim Suchen
ganz angst und bang,
da wird mir beim Suchen ...

9. Mein Schäfchen, mein Schäfchen,
da bist du ja!
Mein Schäfchen, mein Schäfchen
ist wieder da!
Mein Schäfchen, mein Schäfchen ...

10. Ich hab' dich gefunden!
Ist das ein Glück!
Drum bring' ich mein Schäfchen
so froh zurück,
drum bring' ich mein Schäfchen ...

11. Mein Schäfchen, ihr Leute,
ist wieder hier!
Ist das eine Freude!
Freut euch mit mir!
Ist das eine Freude! ...

*Spielvorschlag:*
Bevor das Lied beginnt, treibt der Schäfer seine Schafe zusammen und zählt sie. Da bemerkt er plötzlich, dass ein Schaf fehlt.
Das Kind, welches das kleine Schaf darstellt, hat sich inzwischen versteckt und harrt in seinem Versteck aus, bis es von dem Schäfer gefunden wird.
Es ist gut, wenn alle Zuschauer auch mitbekommen, wo sich das Schäfchen versteckt.
Wenn dann das Schäfchen gefunden ist, bilden alle einen großen Kreis um die Schafe, fassen sich an den Händen und tanzen zur letzten Strophe langsam um die Schafe herum.

# Mein Schaf hat sich verlaufen

Vorschlag zur Erarbeitung

*Szenische Darstellung mit Legosteinen:*
Aus großen Legosteinen bauten wir einen Stall und ich sagte, dass da lauter Schafe wohnen sollten. Die Gruppe war sofort bereit, an diesem Stall mitzubauen, der nach und nach auf der Tischplatte entstand. Als dann zum Schluss das Dach auf den Stall gesetzt war, sollten die Schafe einziehen.
Da uns keine Spielschafe zur Verfügung standen, wurde von einem Jungen vorgeschlagen, gelbe Würfelbausteine als Schafe zu benutzen. Der Vorschlag fand einhellige Zustimmung und aus der Bausteinkiste wurden entsprechende Steine herausgesucht, die anschließend in dem Stall untergebracht wurden. Weil die »Schafe« aber mit wenig Geschick in den Stall transportiert wurden, ergab es sich, dass sie im Stall zum Teil übereinanderlagen. Das fiel einem Mädchen auf und es bemühte sich, die »Schafe« im Stall zu ordnen. Doch das war mit erheblichen Schwierigkeiten verbunden: Jeder wollte helfen. Der Stall war aber so klein, dass man sich gegenseitig behinderte.
Darauf schlug ich vor, um den Stall herum einen weiten Zaun zu bauen, damit in seinem inneren Bereich alle Schafe Platz hätten. Mit weiteren Legosteinen wurde nun von allen gemeinsam rund um den Stall ein Zaun aufgebaut. Als die Schafe aufgestellt wurden, holte sich ein Junge einen schwarzen Baustein, stellte ihn auf und erklärte, dies sei der Hund, der auf die Schafe aufpassen müsse. Ich selbst steckte drei rote Bausteine aufeinander, die den Schäfer darstellen sollten, und stellte diesen in den Kreis hinein.
Als alles aufgebaut war, erklärte ich: »Das ist der Stall. Das ist der Schäfer. Und das sind die Schafe.« Zu meiner Erklärung nahm ich jedes einzelne Teil in die Hand und stellte es anschließend wieder zurück. Der Junge, der den schwarzen Baustein hinzugebracht hatte, fuhr spontan fort: »Und das ist der Hund. Er passt auf!«
Ich wies darauf hin, dass der Schäfer viele Schafe zu hüten habe, und wollte nun genau wissen, wieviele Schafe es seien. Zunächst wurde gemeinsam versucht, die Schafe abzuzählen. Dabei zeigte es sich, dass das Zählen der ungeordneten Menge größte Schwierigkeiten bereitete. Von einem Jungen wurden daraufhin die Schafe in eine Reihe gestellt und anschließend richtig gezählt. Es waren sieben. Jeder zählte die Schafe noch einmal nach. Allein und mit Hilfe kam jeder zu der genannten Zahl.

*Spielanregungen:*
Als ich mich unbeobachtet fühlte, nahm ich heimlich ein Schaf weg und stellte es unter mich auf einen Stuhl. Ich bat darauf, noch einmal genau zu zählen. Verblüfft wurde festgestellt, dass ein Schaf fehlte. Jeder zählte nach. Wir kamen immer nur auf sechs Schafe.
»Wir müssen das Schaf suchen!«, sagte ich. Spontan nahm ein Mädchen den Schäfer in die Hand, ließ ihn über die Tischplatte marschieren, hielt vor einem Mitspieler an und fragte, ob er das Schaf gesehen habe. Als er dies verneinte, ging es zum nächsten. Keiner hatte das Schaf gesehen.
Da dieses Spiel allen Spaß machte, wurde es in der Weise wiederholt, dass jeder einmal mit der Figur des Schäfers bei den anderen Mitspielern nachfragen durfte. Das Schaf wurde nicht gefunden, deshalb durfte ein Junge im Raum danach suchen. Während er suchte, sang ich laut für mich allein das Lied:

## Mein Schaf hat sich verlaufen

T: Rolf Krenzer
M: Peter Janssens

Als das Lied zu Ende war, hatte der Junge den gelben Baustein noch nicht gefunden. Deshalb durfte nun ein anderer suchen. Einer nach dem anderen kam dran und jedes Mal sang ich während des Suchens das Lied. Schon bald wurden kleine Passagen spontan mitgesungen, die von Wiederholung zu Wiederholung deutlicher und ausführlicher wurden.

Als endlich ein Mädchen den gelben Baustein fand und ihn zu den anderen brachte, zählten wir gemeinsam und freuten uns, dass jetzt alle Schafe wieder beieinander waren. Aber jetzt wollte jeder einmal das Schaf verstecken. Wir legten unseren Kopf auf die Tischplatte und schlossen die Augen, damit ein Mitspieler ein Versteck für das Schaf suchen konnte. Anschließend durfte jeder versuchen, das Schaf zu finden, wobei wieder das Lied gesungen wurde, das jetzt zunehmend sicherer von den meisten mitgesungen werden konnte.

*Kreisspiel:*
Ich lud nach einer Weile zu einem Kreisspiel ein. Ein Kind spielte den Schäfer, ein anderes das Schäfchen, das sich verlaufen hatte. Wir standen im Kreis und das Schäfchen lief um diesen Kreis herum. Es versteckte sich hinter einem Mitspieler.
Während wir sangen, ging der Schäfer innen im Kreis herum. Wenn das Lied zu Ende war, musste er vor einem Mitspieler stehen bleiben. Wenn tatsächlich hinter diesem Spieler das Schäfchen saß, nahm er es an der Hand und führte es zu einem Stuhl, der den Stall darstellte. Anschließend durfte ein anderes Kind Schäfer sein, der ein anderes Schäfchen suchen sollte. Wenn er es nicht fand, wurden die Rollen getauscht, d.h. er selbst stellte nun das Schäfchen dar.
Im Spiel wurde deutlich, wie sehr sich der Schäfer freute, wenn er das verlorene Schäfchen endlich gefunden hatte. Ebenso groß ist die Freude des guten Hirten.

*Gestaltung mit Buntpapier:*
Anschließend wurden Blätter ausgeteilt, dazu gelbes Papier. Die Aufgabe bestand darin, aus dem Buntpapier »Schäfchen« zu reißen und auf das Blatt zu kleben. Die Schäfchen, die ausgerissen und aufgeklebt wurden, hatten keine Ähnlichkeit mit wirklichen Schafen, waren aber durch die gelbe Farbe sofort zu identifizieren und wurden von den Kindern als »Schäfchen« bezeichnet. Die Schäfchen wurden mit einem dicken Filzstift eingekreist, so dass sie nun sicher hinter ihrem Zaun waren. Schäfer, Hund und verlorenes Schaf wurden außerhalb des Kreises aufgeklebt. Die Bilder wurden aufgehängt, wobei einige Kinder forderten, dass ich zu den Reißfiguren dazuschreiben sollte, um was es sich handelte: Schäfer, Schaf, Hund usw.
Es zeigte sich, dass auch die jüngsten Kinder mit Hilfe dieser allereinfachsten Gestaltung in der Lage waren, über die Arbeit zu berichten: »Das sind die Schafe. Das Schaf war weg. Das ist der Schäfer. Er hat es wiedergefunden. Er freut sich.«

Mit Hilfe der Arbeiten waren die Kinder auch in den folgenden Tagen fähig, den Inhalt des Gleichnisses zu erzählen. Und sie kamen deshalb immer wieder darauf zurück, weil die Arbeiten ja in ihrem Raum hingen und ihnen immer wieder in den Blick kamen. Wir wiederholten auf Wunsch der Kinder das Spiel verschiedentlich, wobei sich Melodie und Text immer stärker einprägten und jetzt bereits auch in der Pause oder bei anderen Arbeiten spontan gesungen oder gesummt wurden. So war es mir möglich, weitere Verse mit aktuellem Bezug einzuführen, die dann ebenfalls in ein Spiel umgesetzt werden konnten.

*Liedvariation:*
*Ein Vater sucht seinen Jungen:*

Mein Sohn hat sich verlaufen.
Wer hat ihn gesehn?
Es soll doch meinem Jungen
nichts Böses geschehn.
Ich suche meinen Jungen.
Er kennt sich doch nicht aus.
Wenn ich ihn endlich finde,
bring' ich ihn nach Haus!

Weitere Variationen waren, dass ein Junge seinen Freund suchte, ein Mädchen seine Freundin, so dass nach und nach alle Kinder auch mit ihrem Namen in das Spiel eingebracht wurden. In jedem Spiel wurde die Freude desjenigen deutlich, der sich verzweifelt auf die Suche nach dem Menschen, den er liebt, begeben hatte und ihn dann wiederfand.

*Eine Mutter sucht ihre Tochter:*
Mein Mädchen hat sich verlaufen ...

Mein Freund hat sich verlaufen ...
Es soll doch dem Tobias nichts Böses geschehn ...

Meine Freundin hat sich verlaufen ...
Es soll doch der Beate nichts Böses geschehn ...

*Biblischer Bezug:*
Wir haben dann den Begriff »Schäfer« bzw. »Vater« usw. gezielt durch den Namen »Jesus« ersetzt.

# Das Spiel von einem barmherzigen Mann

Eine Spielszene mit Lied

*Hinweise zum Spiel:*
Die hier vorgestellte Spielform stellt eine viel praktizierte Kombination von Spiel und Spiellied vor, die in ähnlicher Weise auch bei allen anderen in diesem Buch angebotenen Spielliedern übernommen werden kann.
Das Spiellied »Hört und seht, dass ihr's wisst« kann aber auch für sich allein stehen und stellt gewissermaßen die gesungene Spielanleitung dar, indem dann jeweils entsprechend den einzelnen Strophen agiert wird.
Andererseits kann das Stück auch ohne Lied gespielt werden. Dann übernimmt der Erzähler oder die Erzählerin die entsprechenden Hinweise und sprachlichen Anregungen, die von den Kindern in ihr Spiel umgesetzt werden.
Das Lied kann von einer Kindergruppe oder – wenn man vorher den Text auf Liedblättern verteilt – von allen Zuschauern gesungen werden.
Als Requisiten lassen sich im Spiel einsetzen: ein Poncho, eine Reisetasche, ein Hut oder eine Mütze und eine Umhängetasche, die etwas Verbandszeug, auch eine Thermoskanne mit einem Becher enthält.

*Mitspieler:*
Eine Erzählerin oder ein Erzähler, der Mann, der unter die Räuber fällt, die Räuber, die drei Männer, die den Mann auf der Straße liegen sehen, eine Wirtin oder ein Wirt.

## Hört und seht, dass ihr's wisst

T: Rolf Krenzer
M: Paul G. Walter

**Spieltext**

*Erzähler/in:* Jesus hat einmal die Geschichte von einem Mann erzählt, der unter die Räuber fiel.

Dieser Mann will zu Fuß von Jerusalem nach Jericho gehen. Das ist ein weiter Weg. Er zieht seinen Mantel an und setzt sich den Hut auf. Eine Reisetasche braucht er auch. Dann bricht er bereits früh am Morgen auf.

Ein Spieler zieht sich für die Reise an, wobei der Erzähler bzw. die Erzählerin auf das eingeht, was er anzieht. Dann nimmt er seine Reisetasche und geht los.

*Alle singen:* Refr.:
Hört und seht, dass ihr's wisst,
was auf dem Weg nach Jericho
geschehen ist.

1. Auf seinem Weg nach Jericho
geht ganz allein ein Mann.
Da schleichen sich drei Räuber dort
von hinten heimlich an.

*Erzähler/in:* Ja, dort hinter dem Busch im Versteck hocken die Räuber. Als sie den Mann herankommen sehen, geben sie sich ein Zeichen und schleichen heimlich hinter ihm her.

Die Räuber haben sich (hinter einer Bank, unter einem Tisch) versteckt. Sie folgen dem Mann heimlich und leise.

*Alle singen:* Refr.:
Hört und seht, dass ihr's wisst,
was auf dem Weg nach Jericho
geschehen ist.

2. Sie stürzen plötzlich auf ihn los
und schlagen ihn sogar.
Dann nehmen sie ihm alles weg.
Und das ist wirklich wahr!

*Erzähler/in:* Seht doch nur, was sie mit dem armen Mann machen! Sie überfallen ihn, nehmen ihm den schönen neuen Mantel weg und rauben ihm auch noch die Tasche. Und jetzt werfen sie ihn auf die Erde und lassen ihn dort liegen. Dann raffen sie alles zusammen und laufen weg.

*Alle singen:*

Refr.:
Hört und seht, dass ihr's wisst,
was auf dem Weg nach Jericho
geschehen ist.

3. Sie stoßen ihn. Und keiner hört
den Mann um Hilfe schrei'n.
Da liegt der arme Mann am Weg,
so hilflos und allein.

*Erzähler/in:* Ja, da liegt der arme Mann auf der Straße. Er hat Schmerzen und kann nicht aufstehen.

*Mann:* Hilfe! Hilfe!

*Erzähler/in:* Pst! Da kommt einer! Ein vornehmer Mann! Gott sei Dank! Sicher wird er dem armen Mann gleich helfen.

Der vornehme Mann kommt näher und geht an dem Verletzten vorbei, als sehe er ihn nicht.

*Alle singen:*

Refr.:
Hört und seht, dass ihr's wisst,
was auf dem Weg nach Jericho
geschehen ist.

4. Da kommt ein reicher Herr vorbei
und bleibt nicht einmal stehn.
Er tut, als würde er den Mann
dort auf dem Weg nicht sehn.

*Erzähler/in:* Er ist wirklich weitergegangen. Vorbei an dem armen Mann!

*Mann:* Hilfe! Hilfe!

*Erzähler/in:* Aber jetzt kommt noch einer. Das scheint ein frommer Mann zu sein! Gott sei Dank! Der wird aber sicher dem armen Mann helfen!

Auch der zweite Mann geht an dem Verletzten vorbei, schaut zu ihm hin, steigt sogar über seine Beine ... und geht dann weiter.

*Alle singen:*

Refr.:
Hört und seht, dass ihr's wisst,
was auf dem Weg nach Jericho
geschehen ist.

5. Da kommt ein frommer Mann daher
und bleibt auch nicht stehn.
Er tut, als würde er den Mann
dort auf dem Weg nicht sehn.

*Erzähler/in:* Schade! Und ich hätte doch bestimmt gedacht, er würde dem armen Mann helfen. Dem Mann auf der Straße geht es schlecht, sehr schlecht. Er kann kaum noch um Hilfe rufen. Seine Stimme wird immer leiser und schwächer.

Der Mann ruft immer leiser werdend, dann verstummend. Dabei sinkt sein Kopf auf die Erde.

*Mann:* Hilfe! Hilfe! Hilfe!

*Erzähler/in:* Nein, jetzt kommt niemand mehr! Was soll nur aus dem armen Mann werden? Wenn ihm keiner hilft, dann wird er hier auf der Straße sterben.
Pst! Da kommt doch noch einer!
O weh! Ein ganz gewöhnlicher Mann. Nein, der sieht auch nicht so aus, als würde er sich um den armen Mann kümmern. Warum sollte er auch? Wenn schon die beiden anderen Männer nicht geholfen haben! Und das waren feine Leute!

*Alle singen:*

Refr.:
Hört und seht, dass ihr's wisst,
was auf dem Weg nach Jericho
geschehen ist.

6. Ein dritter Mann kommt noch vorbei
und bleibt voll Mitleid stehn.
Er beugt sich nieder zu dem Mann
und fragt: »Was ist geschehn?«

*Erzähler/in:* Wer hätte das gedacht? Dieser Mann kümmert sich ja wirklich um ihn!

Der dritte Mann beugt sich nieder zu dem Mann auf der Straße und spricht ihn leise an. Dann kniet er neben dem Verletzten. Er hilft ihm, sich aufzusetzen, holt Kanne und Becher aus seiner Tasche und unterstützt ihn beim Trinken.

*Alle singen:* Refr.:
Hört und seht, dass ihr's wisst,
was auf dem Weg nach Jericho
geschehen ist.

7. Ein fremder Mensch hilft in der Not
so gut er helfen kann.
Er tröstet und verbindet still
ihm seine Wunden dann.

*Dritter Mann:* Noch einen Schluck Tee?
Geht es etwas besser?
Warte, ich lege dir einen Verband an.
Es ist schon spät. Wir müssen nach Jericho
kommen, bevor es dunkel ist.
Kannst du laufen?

*Mann:* Ich will es versuchen!

*Dritter Mann:* Ich helfe dir!
Komm stütze dich auf mich!

*Alle singen:* Refr.:
Hört und seht, dass ihr's wisst,
was auf dem Weg nach Jericho
geschehen ist.

8. Er stützt und hilft so gut er kann,
als sie dann weitergehn.
So wird zum Freund ein fremder Mann.
Das kann jetzt jeder sehn.

Der dritte Mann hilft dem Verletzten auf die Beine und stützt ihn beim Gehen. Gemeinsam gehen sie langsam davon.

*Erzähler/in:* Ja, so hat es Jesus vor langer Zeit erzählt. Und heute? Ja, heute kann das jederzeit wieder passieren. Gut, wenn heute auch einer kommt, der wirklich helfen will. So wie damals auf dem Weg nach Jericho.

*Alle singen:* Refr.:
Hört und seht, dass ihr's wisst,
was auf dem Weg nach Jericho
geschehen ist.

# Das große Fest

Ein Rollenspiel

*Mitspieler:*
Der Erzähler bzw. die Erzählerin, der Mann, der zum Fest einlädt, seine Familie, die Gäste, die schließlich kommen.

*Hinweise zum Spiel:*
Kostüme sind nicht erforderlich. Wir brauchen einen Tisch mit Stühlen, dazu Tischdecke, Servietten, Geschirr, Blumenvase, Kerzen usw., um den Tisch festlich zu schmücken.
Das Spiel kann zu dem Text des Erzählers entwickelt werden, wobei spontane Spieleinfälle und Dialogvorschläge der Mitspieler angemessen berücksichtigt werden sollen.
Die hier angegebenen Dialoge sind nur als Vorschläge gedacht. Sie können sich ebenso spontan z.B. in der ersten Szene beim Tischdecken ergeben.

## Spieltext

*Erzähler/in:* Jesus hat diese Geschichte erzählt:
Ein Mann hat Geburtstag. Da will er ein Fest feiern und wünscht sich, dass viele Gäste zu seinem Fest kommen.

*Vater:* Es soll ein schönes Fest werden, das allen Freude macht!

*Mutter:* Wir erwarten viele Gäste. Wir haben Kuchen gebacken und so viel vorbereitet.

*Mädchen:* Ja, es soll ein schönes Fest werden!

Die Eltern und Kinder decken gemeinsam den Tisch.

*Junge:* Ich bringe die Tischdecke.
Wir wollen den Tisch decken.

*Vater:* Helft alle, damit es schön aussieht!

*Mädchen:* Hier sind die Teller!

*Mutter:* Die Tassen und Untertassen!

*Vater:* Jetzt kommen noch die Servietten dazu.

*Junge:* Hier sind Kuchengabeln und Kaffeelöffel.

*Mädchen:* Verteile du die Kuchengabeln. Ich lege die Kaffeelöffel dazu.

*Vater:* Die Zuckerdose und das Milchkännchen.

*Mutter:* Und die Kanne mit dem Kaffee!

*Junge:* Sind wir fertig?

*Mädchen:* Einen Blumenstrauß brauchen wir noch. Blumen gehören doch zum Fest!

*Vater:* Und der Kuchen?

*Mutter:* Natürlich, der Kuchen!

*Junge:* Und Kerzen! Kerzen gehören auch dazu! Darf ich die Kerzen anzünden?

*Mutter:* Wir warten bis die ersten Gäste kommen. Dann stecke ich sie an.

*Vater:* Ja, es sieht gut aus! Jetzt werden bald die Gäste kommen.
Kommt, setzt euch zu mir. Wir warten, bis sie kommen.

Alle setzen sich um den Tisch herum und warten.

*Erzähler/in:* Ja, so warten sie nun auf die Gäste. Sie warten lange. Die Gäste müssten längst da sein.

Der Vater steht auf und geht unruhig auf und ab.

*Vater:* Habt ihr auch alle Einladungen abgegeben?

*Mädchen:* Ja!

*Junge:* Ganz bestimmt!

*Mutter:* Seltsam!

Der Vater blickt auf seine Armbanduhr.

*Vater:* Es wird immer später. Seht nach, ob sie kommen!

Die Kinder laufen nach draußen und kommen bald zurück.

*Mädchen:* Ich habe niemand gesehen.

*Junge:* Ich auch nicht.

*Mutter:* Seltsam! Sehr seltsam!

*Vater:* Ich verstehe das nicht.

*Mädchen:* Der Tisch ist gedeckt.

*Junge:* Der Kuchen steht auf dem Tisch.

*Mutter:* Und der Kaffee wird kalt!

*Mädchen:* Wo bleiben nur die Gäste?

*Vater:* Lauft zu den Gästen! Fragt sie, warum sie nicht kommen.

Die Kinder laufen davon. Die Mutter nimmt die Kaffeekanne und geht nach draußen. Der Vater setzt sich auf den Stuhl hinter dem Tisch, blickt immer wieder auf die Uhr und trommelt nervös auf die Tischplatte.

*Erzähler/in:* Ja, der Tisch ist gedeckt für das Fest! Aber die Gäste lassen auf sich warten!

*Vater:* Seltsam! Seltsam! Sie müssten doch schon lange hier sein. Wir haben doch alles für das Fest vorbereitet. Und es ist so schön geworden.

Die Kinder kommen zurück. Der Vater springt auf.

*Vater:* Was ist los? Kommen sie jetzt?

*Mädchen:* Herr Schmidt hat gerade ein Haus gekauft. Das muss er sich dringend noch ansehen. Er kann leider nicht kommen.

*Junge:* Und die Frau Meisner hat so viel Arbeit mit ihrem Vieh, mit den Kühen und Pferden, dass sie es einfach nicht schafft. Sie kommt auch nicht.

*Vater:* Und was ist mit Herrn Schön? Sagt, warum kommt Herr Schön nicht?

*Junge:* Herr Schön hat geheiratet. Er feiert selbst ein Fest.

*Vater:* Und Frau März?

*Mädchen:* Frau März lässt sich entschuldigen. Sie hat leider keine Zeit!

Hier lassen sich spontan noch beliebig viele weitere Gründe einfügen, die im Spiel mit eingebaut werden können.

- Herr Müller will sich ein Auto kaufen. Deshalb muss er dringend zum Autohändler.
- Frau Steiner hat Kopfschmerzen. Sie kann deshalb nicht kommen.
- Frau Meinzinger muss dringend ihre Freundin besuchen. Der Besuch lässt sich nicht aufschieben.
- Herr Klein erwartet einen wichtigen Telefonanruf. Er muss deshalb zu Hause bleiben.
- Frau Weber muss noch dringend zum Frisör. Der Termin lässt sich nicht verschieben usw.

*Vater:* Sie kommen nicht!
Sie kommen also alle nicht!

Mutter kommt mit frischem Kaffee. Sie hat die letzten Worte des Vaters gehört.

*Mutter:* Was sollen wir jetzt tun? Was wird aus unserem schönen Fest?

*Junge:* Wir haben so schön den Tisch gedeckt.

*Mädchen:* Und Kuchen gebacken.

*Mutter:* Und der Kaffee ist fertig.

Der Vater geht langsam zu dem Tisch. Er nimmt eine Packung Streichhölzer und zündet eine Kerze nach der anderen an. Die anderen schauen ihm zu, sehen ihn fragend an.

*Vater:* Wir werden das Fest feiern! Lauft schnell auf die Straße. Ladet jeden ein, den ihr trefft. Holt alle herbei. Sie sollen alle zu meinem Fest kommen.

*Junge:* Alle, die wir treffen?

*Vater:* Alle!

*Mädchen:* Auch die Bettler? Die Kranken?

Hier können all die Menschen eingesetzt werden, die in unserer Zeit zu Außenseitern zählen und deshalb nicht eingeladen werden: Penner, Arme, Ausländer, Alte, Behinderte ...

*Vater:* Alle sollen kommen!
Ich werde selbst mitgehen und sie einladen.

*Mutter:* Ich gehe auch mit. Wir müssen uns beeilen, sonst wird der Kaffee wieder kalt.

Alle gehen los. Sie gehen in den Raum hinein und laden zum Fest ein.

*Vater:* Kommt alle zum Fest. Wir laden euch herzlich ein. Kommt, es gibt Kaffee und Kuchen!

*Erzähler/in:* Ja, da kommen sie alle. Alle wollen zum Fest kommen. Nur die Gäste, die zuerst nicht kommen wollten, die dürfen jetzt auch nicht mehr zum Fest kommen.

Alle geben sich die Hände, bilden einen großen Kreis und singen das Festlied:

## Wenn wir zum großen Fest heut gehn

T: Rolf Krenzer
M: Stephen Janetzko

2. Wenn wir zum großen Fest heut gehn,
dann habt ihr so viel Leute,
so viele frohe Leute
bestimmt noch nicht gesehn,
bestimmt noch nicht gesehn.
Wir ziehn in einer langen Reih'
und viele Kinder sind dabei,
damit sich jeder dann
von Herzen freuen kann,
damit sich jeder dann
von Herzen freuen kann.

3. Wenn wir zum großen Fest heut gehn,
dann habt ihr so viel Leute,
so viele frohe Leute
bestimmt noch nicht gesehn,
bestimmt noch nicht gesehn.
Wir tanzen in dem Sonnenschein
und laden alle dazu ein,
damit sich jeder dann
von Herzen freuen kann,
damit sich jeder dann
von Herzen freuen kann.

# Es lädt ein Mann zum Festmahl ein

Ein Spiellied

T: Rolf Krenzer
M: Paul G. Walter

Refr.:
Es lädt ein Mann zum Festmahl ein
und fragt: »Willst du mein Gast heut sein?«

2. Tut mir leid! Keine Zeit!
Ich kaufte mir zwei Pferde heut'.
Drum kann ich nicht weggehn.
Tut mir leid! Keine Zeit!
Ich kaufte mir zwei Pferde heut'.
Das wirst du doch verstehn.

Refr.:
Es lädt ein Mann zum Festmahl ein
und fragt: »Willst du mein Gast heut sein?«

3. Tut mir leid! Keine Zeit!
Ich feier' selber Hochzeit heut!
Drum will ich nicht weggehn.
Tut mir leid! Keine Zeit!
Ich feier' selber Hochzeit heut!
Das wirst du doch verstehn!

Refr.:
Es lädt ein Mann zum Festmahl ein
und keiner will sein Gast heut sein.

4. Tut mir leid! Keine Zeit!
Die feinen Leute sind zu fein,
um zu dem Fest zu gehn.
Tut mir leid! Keine Zeit!
Die feinen Leute sind zu fein.
Drum lassen sie ihn stehn.

Refr.:
So kommt's, dass er zu denen geht,
die sonst kein Mensch zum Fest einlädt.

5. Jederzeit gern bereit!
Da kommen so viel Leute heut',
um zu dem Fest zu gehn.
Jederzeit gern bereit!
Die andern Leut', die nicht bereit,
die bleiben draußen stehn.

*Spielvorschlag:*
Der Mann geht los und lädt angesehene Persönlichkeiten ein, die man üblicherweise gern einlädt. Doch jeder hat eine andere Entschuldigung, um nicht zu kommen.
Was die Leute im Lied sagen, wird jeweils von einer kleinen Gruppe dazu dargestellt, damit alle mitspielen können.
- Die Handwerker, die ein Grundstück vermessen, das Haus bauen.
- Gänse, Hühner, Enten, Kaninchen, Kühe, Schweine, Schafe usw. können natürlich noch zu den Pferden dazukommen.
- Hochzeitsgesellschaft mit Bräutigam und Braut, Brautjungfern, Fotograf und Gästen.

Zum Schluss geht der Mann zu denen, die sonst nicht eingeladen werden. Hier kann der Erzieher bzw. die Erzieherin erzählen, um wen es sich dabei handelt: Leute auf der Straße, arme Leute, Bettler, Behinderte, Fremde, Ausländer, Außenstehende, Alte, Kranke usw.
Wichtig ist, dass im Spiel auch alle dazukommen, die vorher die negativen Rollen dargestellt haben, damit keines der Kinder in dieser Rolle bleiben muss.
Das Spiel wird mit dem Lied »Wenn wir zum großen Fest heut gehn« (S. 132) abgeschlossen, an dem sich alle singend und mit vielen Gesten beteiligen.

# Vom guten Vater und seinen beiden Söhnen

Ein Rollenspiel mit Lied

*Hinweise zum Spiel:*
Das Spiel entwickelt sich anhand des Spieltextes, der als Vorschlag zu verstehen ist und je nach Situation oder Einfällen der Kinder abgewandelt werden kann.
Das folgende Lied kann immer wieder, wenn es die jeweilige Situation erfordert, eingesetzt und von allen gesungen werden.

**Ja, seht den stolzen Peter**

T: Rolf Krenzer
M: Inge Lotz

2. Ja, seht den *armen* Peter.
So geht es auf der Welt.
Ja, seht den armen Peter.
Dahin ist all sein Geld.
Und alle Freunde, wie gemein,
die lassen Peter ganz allein.

3. Ja, seht den *reichen* Peter.
Jetzt ist er wieder froh.
Ja, seht den reichen Peter.
Sein Vater liebt ihn so.
Er breitet beide Arme aus:
Mein Peter kommt zurück nach Haus!

*Mitspieler:*
Erzähler/in, Vater, die beiden Brüder, Freunde, Pferde, Wirtin.

**Spieltext**

*Erzähler/in:* Einmal hat Jesus eine Geschichte erzählt, die fängt so an: Ein Mann hat zwei Söhne: Peter und Martin.

Der Vater kommt mit seinen Söhnen.

*Peter:* Vater, ich möchte nicht mehr hier bleiben. Du hast zwei Söhne. Jeder erbt etwas.

*Vater:* Ja, das ist richtig.

*Peter:* Gib mir doch das, was mir zusteht!

*Vater:* Und was willst du damit tun?

*Peter:* Ich möchte in die Welt hinaus.

*Vater:* Und du, Martin?

*Martin:* Ich möchte bei dir bleiben!

*Vater:* Hier, Peter, hast du das Geld! Lass es dir gutgehen!

Er gibt Peter einen Beutel mit Geld.

*Peter:* Danke schön!

Er gibt seinem Bruder die Hand und umarmt seinen Vater.

*Vater:* Ich wünsche dir alles Gute! Komm gesund wieder!

Der Vater geht mit Martin ab.

*Peter:* Hei, das ist viel Geld!

Er schüttelt den Geldsack und streichelt ihn.

Da brauche ich nicht zu laufen. Ich werde mir ein Pferd kaufen!

Er geht zum Pferdehändler.

*Peter:* Hallo, verkauft ihr mir ein Pferd?

*Pferdehändler:* Ein Pferd ist teuer!

*Peter:* Ich kann es bezahlen!
Ich habe genug Geld!

Der Pferdehändler bringt ihm das Pferd. Das Pferd stellt entweder ein Erwachsener dar oder zwei größere, kräftige Kinder: eines geht aufrecht, das andere bückt sich und hält sich an den Hüften des anderen Kindes fest, damit Peter auf seinen Rücken aufsteigen kann. Eventuell Decke darüber hängen.

*Peter:* Hier ist das Geld!

Er bezahlt, steigt auf, reitet im Kreis herum.

*Alle singen:* Ja, seht den stolzen Peter,
er reitet in die Welt.
Ja, seht den stolzen Peter.
Er hat ja so viel Geld.
Schon stellen sich die Freunde ein,
denn jeder will bei Peter sein.
Ja, seht den stolzen Peter ...

*Freund:* Hallo, Peter! Du hast aber ein schönes Pferd!

*Peter:* Ich reite in die Welt! Willst du mitkommen?

*Freund:* Ich habe kein Pferd.

*Peter:* Das macht doch nichts! Ein Pferd kaufe ich dir!
Hallo, Pferdehändler! Noch ein Pferd!

Der Pferdehändler bringt ein zweites Pferd.

*Peter:* Hier ist das Geld!

Die Freunde steigen auf und reiten zusammen im Kreis herum.

*Alle singen:* Ja, seht den stolzen Peter,
er reitet in die Welt.
Ja, seht den stolzen Peter.
Er hat ja so viel Geld.
Er findet Freunde groß und klein,
denn jeder will bei Peter sein.
Ja, seht den stolzen Peter ...

*Freundin:* Wo reitet ihr hin?

*Peter und der Freund:* Wir reiten in die Welt hinaus!

*Peter:* Willst du mit? Ich kaufe dir ein Pferd!

Der Pferdehändler bringt ein drittes Pferd. Sie steigen auf, nachdem Peter bezahlt hat und reiten davon.

*Alle:* Ja, seht den stolzen Peter ...

*Peter:* Hier ist ein Gasthaus! Freunde, ich lade euch alle ein!

Sie setzen sich an den Tisch.

*Peter:* Frau Wirtin, bringt zu essen und zu trinken! Ich lade euch alle ein!

Die Wirtin bringt das Essen. Immer mehr Leute kommen hinzu.

*Peter:* Kommt herbei! Ich lade alle ein! Ich bezahle alles!

*Freund:* Du bist ein guter Freund!

*Freundin:* Peter ist der allerbeste Freund!

*Alle:* Hoch soll er leben! Unser Peter! Unser Peter!

*Peter:* Ich habe viele Freunde!

*Erzähler/in:* So geht es jeden Tag. Peter hat viele Freunde und Freundinnen. Jeder, der zu ihm kommt, wird freundlich empfangen. So vergehen die Tage, die Wochen, die Monate ... Und eines Tages ...

*Freund:* Wir haben kein Futter mehr für die Pferde!

*Freundin:* Peter, du musst Futter kaufen!

*Peter:* Ich habe kein Geld mehr!

*Wirtin:* Für gestern und heute muss das Essen noch bezahlt werden!

*Peter:* Wir müssen die Pferde verkaufen!
Ich bin gleich wieder hier.

Freunde und Freundinnen stehen langsam auf. Einer nach dem anderen verlässt den Tisch. Nur die beiden ersten bleiben übrig.

*Alle:* Ich muss nach Hause!
Ich habe keine Zeit mehr!
Bestellt dem Peter einen schönen Gruß!

Peter kommt zurück.

*Peter:* Frau Wirtin, hier ist all mein Geld!

Wirtin nimmt das Geld und zählt es.

*Wirtin:* Es reicht gerade noch!

*Peter:* Und jetzt?

*Wirtin:* Zuerst müsst ihr hier ausziehen!

Peter zu Freund und Freundin:

*Peter:* Könnt ihr mir Geld geben?

*Freund:* Weißt du, Peter, ich habe selbst kaum noch etwas. Und was ich habe, brauche ich, um heimzureisen.

*Peter:* Und du?

*Freundin:* Ich habe nichts mehr. Tut mir leid, Peter, tut mir sehr leid!

*Freund:* Ich muss gehen! Mach's gut, Peter!

*Freundin:* Du wirst es schon schaffen, Peter! Lass den Kopf nicht hängen!

Sie klopft Peter auf die Schulter und geht. Peter sitzt allein am Tisch und schaut auf den Boden. Die Wirtin baut sich drohend vor ihm auf.

*Wirtin:* Raus jetzt! Hier ist kein Platz mehr für dich!

Peter erschrickt. Dann steht er langsam auf und geht.

*Erzähler/in:* Peter ist ganz allein. Seine Freunde haben ihn verlassen. Er ist so arm, dass er sich nichts mehr kaufen kann. Er isst das, was andere Leute wegwerfen.

*Alle singen:* Ja, seht den armen Peter!
So ist es in der Welt.
Ja, seht den armen Peter!
Dahin ist all sein Geld.
Und alle Freunde, wie gemein,
die lassen Peter ganz allein.
Ja, seht den armen Peter ...

Peter setzt sich in die Mitte des Kreises und schlägt die Hände vor sein Gesicht. Er überlegt lange. Dann steht er auf.

*Peter:* Ich gehe zu meinem Vater zurück. Vielleicht darf ich bei ihm arbeiten und mir mein Essen verdienen. Vielleicht ist er gut zu mir ...

Ganz langsam geht Peter los.

*Alle singen:* Ja, seht den armen Peter!

Der Vater kommt und sieht Peter. Er breitet die Arme aus und läuft ihm entgegen.

*Vater:* Peter, mein Junge!

Er drückt Peter an sich.

*Peter:* Alles Geld ist fort! Vater, was habe ich nur getan?

*Vater:* Peter, mein Junge!

*Peter:* Vater! Kannst du mir wieder gut sein?

*Vater:* Komm herein in unser Haus! Ich freue mich so, dass du wieder hier bist!

Der Vater führt Peter davon.

*Alle singen:* Ja, seht den *reichen* Peter!
Jetzt ist er wieder froh.
Ja, seht den reichen Peter!
Sein Vater liebt ihn so.
Er breitet beide Arme aus:
Mein Peter kommt zurück nach Haus!

*Erzähler/in:* Der Vater ist so glücklich, dass er seinen Sohn wieder hat. Er lädt alle zu einem Fest ein. Aber Martin ist böse und traurig.

Der Vater kommt. Martin steht mit verschränkten Armen da.

*Martin:* Ich habe immer für dich gearbeitet! Mein Bruder hat alles Geld ausgegeben. Und jetzt gibst du für ihn noch ein Fest!

*Vater:* Martin!

*Martin:* Ich habe geschuftet!
Ich war immer gehorsam!
Für mich hast du noch nie ein Fest gegeben!

Vater geht auf Martin zu. Er will ihn in die Arme nehmen, doch Martin wendet sich ab.

*Vater:* Du bist immer bei mir. Dir gehört alles, was ich habe. Aber ich habe geglaubt, der Peter käme nie mehr heim. Deshalb freue ich mich so.
Komm, Martin, freue dich doch mit mir!

Martin zögert einen Augenblick, dann geht er auf seinen Vater zu, gibt ihm die Hand. Sie gehen beide ab.

*Erzähler/in:* Sein Bruder war verloren. Jetzt ist er wiedergefunden.

*Anmerkung:*
Das hier gegebene Beispiel einer spielerischen Umsetzung kann weiter aktualisiert werden, z.B. statt der Pferde ein Auto usw.

# Dieser Sohn, jener Sohn

Ein Spiellied

T: Rolf Krenzer
M: Paul G. Walter

2. Schick und reich, schick und reich
zieht er in die Welt.
Und er kauft sich, was er will,
denn er hat ja Geld.
Und er lädt, und er lädt
alle Leute ein.
Und es wollen viele gern
seine Freunde sein.

3. Unterwegs, unterwegs
gibt er so viel aus.
Mit den Freunden wohnt er gern
stets im besten Haus.
Ja, so lebt, ja, so lebt
er in Saus und Braus.
Und mit vollen Händen gibt
er sein Geld all aus.

4. Ohne Geld, ohne Geld
steht er da, o Schreck!
Und die besten Freunde sind
plötzlich alle weg.
Bettelarm, bettelarm
steht er vor der Tür:
Wenn es für mich Arbeit gibt,
bleib ich gerne hier.

5. Und so kommt, und so kommt
es zum bittren Schluss,
dass der arme Mann am End'
Schweine hüten muss.
Endlich kommt er zurück,
arm, dass Gott erbarm.
Da sieht ihn sein Vater und
nimmt ihn in den Arm.

6. »Kommt herbei! Kommt herbei!
Freut euch! Trinkt und esst!
Weil mein Sohn zurückgekehrt,
feiern wir ein Fest!«
So viel Lohn! So viel Lohn!
Und er war so schlecht.
Was ist mit dem andern Sohn?
Ist das noch gerecht?

7. »Lieber Sohn, lieber Sohn«,
sagt der Mann voll Not,
»ach, ich dacht' mein andrer Sohn
wär' schon lange tot!
Weil ich ihn wieder hab',
komme ich zu dir.
Ich hab' dich genauso lieb!
Freu dich doch mit mir!«

8. Kommt zum Fest! Kommt zum Fest!
Ladet alle ein!
Wer verzeihn und lieben kann,
der bleibt nicht allein.
Hört euch's an! Seht euch's an,
dass ihr's immer wisst,
dass Gott zu uns allen wie
dieser Vater ist.

*Spielvorschlag:*
Die Strophen stellen praktisch die ganze Spielanleitung dar. Von Vers zu Vers wird die Geschichte erzählt, die dann von den Spielern dazu gestaltet werden kann.
Die einzelnen Strophen können auch durch kleine Szenen unterbrochen werden, in denen das spontan nachgespielt werden kann, was im Lied bereits erzählt wurde. Zu den einzelnen Strophen lassen sich auch große Bilder malen, die jeweils dazu gezeigt werden.
Zum Abschluss kann das Lied »Wenn wir zum großen Fest heut gehn« gesungen werden, bei dem alle, auch die Zuschauer, mitsingen können (S. 132).

# Vom Sämann

Eine Erzählpantomime mit Orff-Instrumenten

*Mitspieler:*
Alle, die mitspielen wollen; dazu Musikanten, eine Erzählerin oder ein Erzähler.

*Requisiten:*
Lediglich Decken, die die Erde darstellen. Das Spiel kann ohne Kostüme gespielt werden. Es ist aber möglich, einzelne Gruppen durch unterschiedliche Kleidung voneinander abzuheben (z.B. Dornen, Erde).

*Orchester:*
Orff-Instrumentarium. Zu dem Spiel sollen unterschiedliche Klänge das dargestellte Geschehen verdeutlichen helfen. Keine fertigen Melodien, sondern Klangelemente und -experimente, die durch gemeinsames Probieren nach und nach als angemessen und richtig von allen anerkannt werden.

*Praktische Vorbereitungen:*
Spiel und Musik gemeinsam erarbeiten, wobei der Part des Erzählers bzw. der Erzählerin nach und nach immer mehr zurücktreten kann. Der Erzähler/die Erzählerin gibt Hinweise, was spielerisch und musikalisch gestaltet werden soll. Aus den musikalischen und spielerischen Elementen entsteht das Spiel.

## Spieltext

Auf der Spielfläche liegen viele braune Decken, unter denen lang hingestreckt die Spieler liegen.

*Erzähler/in:* Jesus erzählt das Gleichnis vom Sämann. Hört zu!
Ein Bauer geht aufs Feld, um zu säen.

*Musik und Darstellung:*
Das Säen wird musikalisch dargestellt. Rhythmische Übereinstimmung zwischen den Bewegungen des Bauern und der Musik.

Ein Kind geht langsam über die Bühne und deutet an, dass es Samen aussät: weit ausholende Bewegungen. Danach geht es davon.

*Erzähler/in:* Einige Körner fallen auf den Weg. Die Vögel kommen und picken sie auf.

*Musik und Darstellung:*
Die Musik deutet die Flugbewegungen der Vögel an. Wenn sie den Samen aufpicken, muss dies mit Hilfe der Instrumente zu hören sein.
Wenn die Vögel davonfliegen, muss die Musik immer leiser werden und nach und nach verstummen. (Möglichkeit: Je ein Instrument für einen Vogel, damit dieses den Vogel während seines gesamten Auftritts musikalisch begleitet.)

Mit weit ausgebreiteten Flügeln kommen die Vögel langsam heran. Sie beugen sich über das Gesäte und deuten an, dass sie Körner aufpicken. Nach und nach fliegen sie davon.

*Erzähler/in:* Andere Körner fallen auf felsigen Boden, der nur mit einer dünnen Erdschicht bedeckt ist. Sie gehen rasch auf.

*Musik und Darstellung:*
Mit den Instrumenten wird das Wachsen der Pflanzen angezeigt. Die Musik muss sich dem »raschen Wachsen« anpassen.

Auf der rechten Spielseite bewegen sich unter der Decke die Spieler. Sie kommen langsam mit hochgereckten Armen hervor und »wachsen«. Das Wachsen geschieht parallel zur Musik relativ schnell.

*Erzähler/in:* Als aber die Sonne kommt, vertrocknen die jungen Pflanzen, weil sie nicht genügend Erde haben.

*Musik und Darstellung:*
Klarer Ton oder deutliches Motiv für die Sonne. Das Zuwenden der Pflanzen wird musikalisch dargestellt, ebenfalls das Zusammenfallen. (Auch hier kann jeder Pflanze ein Instrument zugeordnet werden, das sich ihrem Aufblühen und Verdorren anpasst.)

Mit weit ausgebreiteten Armen und gespreizten Fingern geht die Sonne in der Mitte der Bühne auf. Die Pflanzen wenden sich ihr zu (mit dem Gesicht, mit den ausgebreiteten Armen, mit dem ganzen Körper). Aber ihre Kraft lässt nach. Sie sinken nach und nach auf die Erde.

*Erzähler/in:* Andere Körner fallen in Dornengestrüpp. Das Gestrüpp überwuchert die Pflanzen bald. Sie müssen ersticken.

*Musik und Darstellung:*
Musik-Instrumente begleiten das Wachsen der jungen Pflanzen. Härtere, kältere Töne, wenn die Dornen wachsen. Die zarten Töne der jungen Pflanzen werden von der Musik der Dornen nach und nach erstickt. Mit schrillen Tönen endet die Szene.

Auf der linken Spielseite erheben sich die Pflanzen, streifen die Decke ab und wachsen. Aber hinter ihnen wachsen andere Pflanzen, die Dornen (andere Kleidung). Sie wachsen etwas schneller, legen sich um die jungen Pflanzen, ersticken sie mit ihren Armen, so dass die jungen Pflanzen langsam zu Boden sinken.

*Erzähler/in:* Doch einige Körner fallen auf guten Boden. Sie gehen auf, wachsen und bringen Frucht. Manche haben Ähren mit dreißig, andere mit sechzig, wieder andere mit hundert Körnern.

*Musik und Darstellung:*
Das Wachsen der Pflanzen wird von den Instrumenten begleitet – zuerst leise, dann nach und nach lauter; harmonische Stimmung, die am Ende der Szene wieder leiser wird und zu dem letzten Satz des Erzählers nach und nach verklingt.

In der Mitte der Bühne erheben sich die Pflanzen, streifen die Decke ab und wachsen. Sie wenden ihre Arme der Sonne zu, werden immer größer und kräftiger, stehen am Ende der Szene mit etwas gespreizten Beinen fest auf der Erde und wenden sich mit dem Körper, Gesicht und weit ausgebreiteten Armen den Zuschauern zu.

*Erzähler/in:* Jesus sagt: Wer hören kann, soll gut zuhören! Wer sehen kann, soll gut zusehen!

*Hinweise:*
Das Spiel kann auch ohne Musik-Instrumente gespielt werden – nur als Erzählpantomime.
In Gruppen, die den kreativen Umgang mit Orff-Instrumenten gewöhnt sind, kann man den Erzähltext auch allein durch Musik begleiten lassen.
Wo das Gleichnis inhaltlich bekannt ist, lässt es sich auch ohne Erzähler/in aufführen, nur mit Musik und Pantomime.

# Ein Bauer geht aufs Feld hinaus

T: Rolf Krenzer
M: Detlev Jöcker

2. Ein Bauer geht aufs Feld hinaus
und streut dort guten Samen aus.
Da fallen Körner aufs Gestein.
Die Sonne brennt. Sie trocknen ein.
So wird es nichts ...

3. Ein Bauer geht aufs Feld hinaus
und streut dort guten Samen aus.
Auch im Gestrüpp ist nichts geglückt,
denn alle Körner sind erstickt.
So wird es nichts ...

4. Ein Bauer geht aufs Feld hinaus
und streut dort guten Samen aus.
Der Boden lässt das Korn gedeih'n.
Wir bringen reiche Ernte ein.
So wird es was,
so wird es was!
So kann es gedeih'n!
Guter Boden,
guter Boden
muss zum Wachsen sein.

## Spiel

Der Liedtext erzählt die Geschichte und gibt gleichzeitig die Spielanweisung. So kann eine Pantomime zu dem Spiellied entstehen, an der sich viele Kinder beteiligen können. Der Spielablauf kann folgendermaßen sein:

*Der Bauer streut den Samen aus.*

Mit weit ausholendem Arm streut der Bauer den Samen aus. Die Spieler, die die Samenkörner darstellen, können sich vom Bauer an ihren vorher festgelegten Platz bringen lassen. Dort legen sie sich nieder und bleiben ruhig liegen. Sie können sich dann auch, wenn der Bauer sät, hinlegen.

*Da fallen Körner auf den Weg.*
*Die Vögel picken alle weg.*

Spieler, die Vögel darstellen, fliegen herbei und nehmen die Samenkörner vom Weg mit sich. Der Bauer sät immer weiter.

*Die Körner auf den Steinen.*

Zunächst wachsen sie etwas, doch dann werden sie immer müder und matter, strecken sich aus und bleiben liegen.

*Die Körner im Gestrüpp.*

Ein Teil der Spieler stellt das Gestrüpp dar, das um die Körner herum wächst. Die Körner entwickeln sich zunächst gut, wachsen, werden größer. Doch das Gestrüpp wird auch kräftiger, umklammert die Spieler, die die Körner darstellen, drückt sie schließlich auf die Erde, wo sie dann liegen bleiben.

*Die Körner auf dem guten Boden.*

Sie wachsen, werden größer und höher. Das Feld steht voller Getreide mit großen Ähren. Da kommt der Bauer mit seinen Freunden und bringt die Ernte ein.

# Die Spatzen auf dem Feld

Dieses sehr einfache Spiel entwickelt sich aus einem Spiellied. Die Spatzen fliegen zum Lied im Kreis hin und her, picken, treffen sich mit anderen, bilden kleine Gruppen und fliegen immer weiter.
Es kann bereits mit den Jüngsten im Kindergarten gespielt werden. Dabei kann das lebhafte Lied mehrmals hintereinander gesungen werden. Auch als Anspiel geeignet, wobei es noch ergänzt werden kann.

## Seht, die Spatzen auf dem Feld

T: Rolf Krenzer
M: Reinhard Horn
Kontakte Musikverlag Ute Horn, Lippstadt

2. Wie, wie, wie die Spatzen auf dem Feld,
wie, wie, wie die Spatzen auf dem Feld
vertrauen wir
und bauen wir
auf Gott, den Herrn, allein.
Wie die Spatzen in der Welt
hat uns Gott hier hingestellt.
So winzig klein.
Tagaus, tagein
wird Gott stets bei uns sein:
tagaus, tagein!

# Jesus hilft und heilt

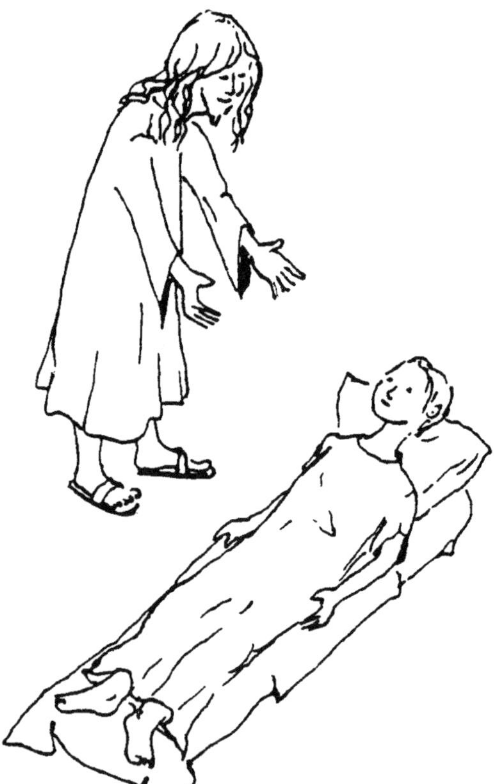

# Der Bettler dort am Straßenrand
Ein Spiellied

T: Rolf Krenzer
M: Paul G. Walter

2. Die Leute werden ärgerlich.
»Sei still!«, so schimpfen sie.
Jedoch der arme blinde Mann
schreit jetzt so laut wie nie:
||: »Lass mich sehn!
Bleibe stehn!
Jesus, lass mich sehn,
sonst lass ich dich nicht weitergehn!« :||

3. »Erbarme dich!«, so schreit der Mann.
»Erbarme dich!«, schreit er.
Und Jesus sieht den Mann nur an
und sagt: »Dann komm doch her!«
||: »Lass mich sehn!
Bleibe stehn!
Jesus, lass mich sehn,
sonst lass ich dich nicht weitergehn!« :||

4. Da steht der Blinde auf, um gleich
zu Jesus hinzugehn.
Und Jesus sagt: »Weil du so glaubst,
drum soll es auch geschehn!«
||: »Lass mich sehn!
Bleibe stehn!
Jesus, lass mich sehn,
sonst lass ich dich nicht weitergehn!« :||

5. Da kann der Arme plötzlich sehn
mit Augen hell und wach.
Da lässt er alles gehn und stehn
und folgt gleich Jesus nach.
||: »Ich kann sehn!
Ich kann sehn!
Jesus, ich kann sehn,
drum will ich immer mit dir gehn!« :||

*Spielvorschlag:*
Der Text des Liedes stellt praktisch die Spielanleitung dar. Während die Gruppe das Lied singt, spielt ein Kind den blinden Bettler, ein anderes Jesus. Sie zeigen pantomimisch den Verlauf der Handlung.

# Jesus und der blinde Bartimäus

Ein Kreisspiel

Die Kinder stehen im Kreis. Jesus geht langsam herum. Der Blinde sitzt auf der Erde und trägt eine Binde vor den Augen. Er horcht, bis er die Schritte von Jesus wahrnimmt.
Dann ruft er: »Jesus, hilf mir!«
Die anderen Mitspieler rufen: »Sei still!«
Der Blinde aber ruft immer lauter.
Da bleibt Jesus stehen und sagt: »Komm zu mir!«
Der Blinde tastet sich zu Jesus hin.
Jesus fragt: »Was soll ich tun?«
Der Blinde antwortet: »Ich möchte sehen!«
Da nimmt Jesus ihm die Binde von den Augen.
Bartimäus folgt Jesus nach.

Die ganze Gruppe singt den Schluss-Refrain aus dem vorangegangenen Spiellied:

»Ich kann sehn!
Ich kann sehn!
Jesus, ich kann sehn,
drum will ich immer mit dir gehn!«

# Das Wunder vom Teich Betesda

Zu dem Lied wird die Geschichte pantomimisch gestaltet.
Viele Spieler stellen den Teich Betesda dar.
Sie liegen ganz ruhig auf der Erde. Dann beginnen sie mit den Armen zu kreisen, sich immer stärker zu bewegen, immer wilder zu werden und Wellen zu bilden.
Spieler, die am Ufer des Teiches stehen, bemühen sich, auf alle möglichen Arten in den Teich zu gelangen: Sie kriechen, robben, lassen sich tragen, werden von anderen gestützt.
Wenn der Teich wieder ruhig wird, wenn alle Spieler wieder ganz still wie zu Beginn liegen, kommen sie so wieder heraus, wie sie hineingekommen sind.

Ein Mensch liegt verzweifelt auf seiner Matte am Ufer und gelangt nicht in den Teich hinein.
Da tritt Jesus zu ihm und spricht mit ihm.
Der Teich bleibt ganz ruhig, aber der Mann steht auf, rollt seine Matte zusammen, nimmt sie unter den Arm und geht mit Jesus davon.
Wenn sie fort sind, beginnt der Teich wieder Wellen zu schlagen, und wieder laufen die Menschen hinein und kommen heraus.

# Das Wunder vom Teich Betesda

T: Rolf Krenzer M: Reinhard Horn

2. Jesus kommt zum Teich Betesda
und dort sieht er einen Mann,
der fast vierzig Jahr' gelähmt war
und nicht stehn und gehen kann.

3. »Freund, willst du gesund heut werden?«,
fragt er. Doch da klagt der Mann:
»Wie kann mich das Wasser heilen,
wenn ich nicht hinkommen kann?«

4. »Habe keinen, der mir aufhilft.
Wenn das Wunder auch geschah,
kam ich wirklich bis zum Teich hin,
war schon jemand vor mir da!«

5. Nicht im Teich! Allein durch Jesus
ist das Wunder dann geschehn.
»Komm, steh auf! Nimm deine Matte!«,
sagt er. »Und jetzt kannst du gehn!«

Schluss-Refrain:
Man erzählt vom Teich Betesda,
dass dort Wunder schon geschehn.
Jesus sprach zu dem Gelähmten
und er konnte wieder gehn.
Und das konnten alle Menschen,
die dabeigewesen, sehn.
Man erzählt vom Teich Betesda,
dass dort Wunder schon geschehn.

Sagt, ihr Leute, wo fängt heute,
irgendwann das Wunder an?
Wenn man miteinander sprechen
und einander helfen kann!
Hier und heute, liebe Leute,
fängt damit das Wunder an!
Hier und heute, liebe Leute,
fängt damit das Wunder an!

# Die Stillung des Seesturmes

Ein pantomimisches Spiel mit zwei Liedern

*Mitspieler:*
Sprecher/in, Jesus, Jünger, eventuell Spieler, die das Boot und den Sturm darstellen.

**Zum ersten Lied:**

*Sprecher/in:* Wieder einmal ist Jesus mit seinen Freunden zum See Gennesaret gekommen.
Da liegt ein Boot und Jesus steigt mit seinen Jüngern hinein.
Die Jünger greifen nach den Rudern. Sie wollen zum gegenüberliegenden Ufer rudern.
Jesus legt sich in das Boot und schläft bald vor Erschöpfung ein.

Wenn die Spieler selbst Boot und Jünger darstellen, setzen sie sich mit gespreizten Beinen eng hintereinander und rudern mit den Armen. Jesus sitzt vor ihnen und hat ihnen sein Gesicht zugewandt. Je nach Sturm und Wellengang rudern die Jünger zunächst ganz ruhig, dann immer wilder, kräftiger und aufgeregter. Am Ende geben sie in ihrer Angst das Rudern ganz auf.
Zum Schluss des Liedes rudern sie wieder ganz ruhig.

Der See wird mit einem großen Tuch dargestellt, das an allen Seiten von Kindern gehalten wird.
1. und 2. Strophe: Der See ist ruhig.
3. Strophe: Die Wellen werden höher (Tuch hochheben – Wellen schlagen).
4. Strophe: Der Sturm tobt, die Jünger haben Angst und wecken Jesus.
5. und 6. Strophe: Jesus beruhigt Jünger und See.

## Die Stillung des Seesturmes

T: Rolf Krenzer
M: Martin Göth

2. Wir rudern, wir rudern,
das Boot fährt fast allein.
Wir fahr'n zum nächsten Hafen.
Herr, leg dich ruhig schlafen!
Und unser Herr schläft ein.

3. Es blitzt und es donnert.
So kommen wir in Not.
Die Wellen werden höher
und kommen immer näher.
Gleich schlagen sie ins Boot!

4. Das Boot wird geschleudert.
Wir fürchten uns so sehr.
Wild toben jetzt die Wellen.
Das Boot, es wird zerschellen!
Wach endlich auf, o Herr!

5. Es toben die Wellen,
und unsėr Herr wacht auf.
»Gott lässt uns nichts geschehen!
Das werdet ihr gleich sehen!
Verlasst euch nur darauf!

6. Seid ruhig, ihr Wellen!
He, Sturm! Sei endlich still!«
Der Sturm hört auf zu wehen,
und uns wird nichts geschehen,
weil Jesus es so will.

**Zum zweiten Lied:**

Wir fassen uns an den Händen oder um die Schultern und schwanken im Sturm hin und her. Aber dann, wenn die Jesus-Worte gesungen werden, werden wir ganz ruhig.

Ein umgedrehter Tisch kann auch das Boot darstellen.

## Ihr braucht nicht ängstlich sein

T: Rolf Krenzer
M: Peter Janssens

2. Und ist auch unser Herz so schwer
und schwanken wir auch hin und her,
doch Jesus sagt uns: »Nein,
ihr braucht nicht ängstlich sein!«
Denn Jesus sagt es ja:
»Ich bin doch immer da!«

3. Und sind wir auch in großer Not
und Wasser schlägt in unser Boot,
doch Jesus sagt uns: »Nein,
ihr braucht nicht ängstlich sein!«
Denn Jesus sagt es ja:
»Ich bin doch immer da!«

*Sprecher/in:* Jesus ist stärker als die Wellen und der Sturm. Immer wieder sprechen die Jünger untereinander davon, als sie mit Jesus weitergehen.

# Jesus lebt weiter

# Am Kreuz gestorben

Ein Spiellied

*Überlegung zum Inhalt:*
Ein Osterspiel mit Vorschulkindern zu gestalten, ist deshalb schwierig, weil es uns nicht darum gehen kann, das Passionsgeschehen zu stark in den Mittelpunkt zu stellen. Kinder in diesem Alter kann das so belasten, dass sie Ängste bekommen und Angstträume haben.
Vielmehr geht es darum, die Osterfreude bildlich und nach und nach begreiflich zu machen. Grundsätzlich kann also hier niemals von Jesu Tod am Kreuz gesprochen werden, wenn nicht in derselben Einheit auch seine Auferstehung angesprochen wird. Er hat den Tod überwunden und lebt! Hier allein liegt der Schwerpunkt unseres Erzählens und Spielens.
(»Christus« kann im Liedtext durch »Jesus« ersetzt werden.)

*Spielvorschlag:*
Zu dem sehr einfach gehaltenen Lied können die Kinder zunächst mit gesenktem Kopf ganz still auf dem Boden sitzen. Dann erheben sie sich langsam, geben sich die Hände und gehen und tanzen immer freudiger im Kreis herum. Dazu wird in der Mitte des Kreises die »Osterkerze« von einem Kind gehalten.

**Am Kreuz gestorben**

T: Rolf Krenzer
M: Paul G. Walter

2. Im Grab gelegen
hat Christus, der Herr.
||: Da trauern die Kleinen
und Großen so sehr. :||

3. Doch auferstanden
ist Christus, der Herr.
||: Da weinen die Kleinen
und Großen nicht mehr. :||

4. Und immer bei uns
ist Christus, der Herr.
||: Da freu'n sich die Kleinen
und Großen noch mehr. :||

5. Ja, immer bei uns
ist Christus, der Herr.
||: Wir singen und tanzen
und freu'n uns so sehr! :||

6. Ja, immer bei uns
ist Christus, der Herr.
||: Drum feiern wir Ostern
und freu'n uns so sehr! :||

7. Die Osterkerze,
ja, zündet sie an,
||: weil jeder mit Christus,
dem Herrn, leben kann! :||

# Jesus lebt
Ein Osterspiel mit Kerzen

*Allgemeiner Hinweis:*
Nicht alle Kinder werden die Feier der Osternacht miterleben können oder dürfen. Um aber allen etwas von der Osterfreude zu vermitteln, können wir sie am letzten Tag vor Ostern im Kindergarten mit einem kleinen Spiel und vielen Kerzen daran teilnehmen lassen. Die kleinen Sprechtexte können in den Wochen vorher mit Hilfe der Geschichten von Jesu Leidenszeit erarbeitet werden.

**Spieltext**

Auf dem Tisch steht eine einzige brennende Kerze.

*Erstes Kind:* Gott schickte Jesus nach Jerusalem.

*Zweites Kind:* Jesus ritt auf einem Esel in die Stadt und viele Menschen riefen ihm zu:

*Alle:* Du bist unser König! Du bist unser König! Gott hat dich geschickt!

*Drittes Kind:* Jesus aß und trank mit seinen Freunden. Er sagte aber auch:

*Viertes Kind:* Ich werde bald sterben müssen. Einer von euch wird mich verraten.

*Alle:* Ich nicht! Ich nicht! Nein, ich nicht!

*Fünftes Kind:* In der Nacht betete Jesus zu Gott.

*Viertes Kind:* Vater! Was du willst, soll geschehen!

*Sechstes Kind:* In der Nacht nahmen die Soldaten Jesus gefangen. Seine Freunde liefen davon. Sie hatten Angst.

*Alle:* Ich kenne diesen Jesus nicht!
Nein, wir kennen diesen Jesus nicht!

*Siebtes Kind:* Sie quälten Jesus. Sie schlugen ihn.

*Achtes Kind:* Sie stellten ihn neben einen Verbrecher. Dann fragten sie:

*Neuntes Kind:* Sollen wir diesen Jesus freilassen? Da riefen die Leute:

*Alle:* Ans Kreuz mit ihm! Ans Kreuz mit ihm!

*Zehntes Kind:* Sie hängten Jesus an das Kreuz.

*Elftes Kind:* Sie hängten Gottes Sohn an das Kreuz.

*Viertes Kind:* Vater, vergib ihnen! Sie wissen nicht, was sie tun.

*Zwölftes Kind:* So starb Jesus am Kreuz.

Ein Kind geht langsam zum Tisch und bläst die Kerze aus. Alle sitzen ganz still. Dann beginnen sie leise das Lied »Am Kreuz gestorben« zu singen, die erste und zweite Strophe. Ein Kind geht zum Tisch und zündet die Kerze wieder an.

*Ein Kind:* Freut euch mit mir!
Jesus lebt! Er hat den Tod besiegt!

Jetzt gehen alle zum Tisch und erhalten dort eine Kerze, die sie an der bereits brennenden Kerze anzünden. Es werden immer mehr Kerzen. Dazu singen wir die dritte Strophe des begonnenen Liedes so lange, bis alle Kerzen angezündet sind. Zum Schluss sagt die Erzieherin/der Erzieher: »Jetzt können wir fröhlich Ostern feiern!«
Die Kinder gehen aufeinander zu, geben sich die Hände und wünschen sich frohe Ostern.

Aus: Rolf Krenzer, Glauben erlebbar machen, Verlag Herder, Freiburg.

# Das Osterspiel

Lied und Pantomime

Zu dem Lied werden die einzelnen Stationen (ohne alle Kostüme) von der ganzen Gruppe pantomimisch dargestellt.
Jede Strophe wird zweimal gesungen, um den Spielern ausreichend Zeit zur Gestaltung zu geben. Sie kann auch noch einmal wiederholt werden.

## Durchs Tor geritten

Osterlied

T: Rolf Krenzer
M: Peter Janssens

Zwei Spieler bilden ein Tor. Sie stehen sich gegenüber und geben sich die Hände.
Ein oder zwei Spieler stellen den Esel dar, auf dem Jesus durch das Tor reitet.
Viele Spieler laufen hinter ihm her, auf ihn zu und umringen ihn.

2. Zu Tisch geladen
   hat Jesus, der Herr.
   Da freu'n sich die Kleinen
   und Großen so sehr.

Jesus setzt sich mit verschränkten Beinen auf die Erde. Viele Spieler setzen sich im Kreis herum, so dass die Vorstellung eines Tisches entsteht, an dem die Jünger mit Jesus sitzen. Jesus teilt Brot und Wein pantomimisch aus, die weitergereicht werden.

3. Verkauft, verraten
   wird Jesus, der Herr.
   Da fürchten die Kleinen
   und Großen sich sehr.

Weitere Spieler kommen hinzu, ergreifen Jesus und gehen mit ihm davon. Die Jünger stehen auf und drängen sich eng aneinander, den Kopf zum Kreisinneren hin gesenkt.

4. Am Kreuz gestorben
   ist Jesus, der Herr.
   Da weinen die Kleinen
   und Großen so sehr.

Die Jünger mit gesenktem Kopf bilden ein Kreuz. Ein Spieler muss vorher bestimmt sein, der sich dort hinstellt, wo die Balken zusammenkommen. So stehen die Spieler hintereinander und bilden die beiden Balken.

5. Im Grab gelegen
   hat Jesus, der Herr.
   Da trauern die Kleinen
   und Großen so sehr.

Die Jünger, die vorher das Kreuz gebildet haben, drängen sich wieder mit zum Kreisinneren gesenktem Kopf eng aneinander.

6. Doch auferstanden
ist Jesus, der Herr.
Da weinen die Kleinen
und Großen nicht mehr.

Die Jünger drehen sich mit erhobenem Kopf um, heben ihre Arme hoch und breiten sie nach beiden Seiten aus.

7. Und immer bei uns
ist Jesus, der Herr.
Da freu'n sich die Kleinen
und Großen noch mehr.

Die Jünger geben sich die Hände und bilden einen Kreis.

8. Ja, immer bei uns
ist Jesus, der Herr.
Drum feiern wir Ostern
und freu'n uns so sehr.

Immer mehr Spieler kommen hinzu. Alle tragen Kerzen in ihren Händen. Einer bringt die Osterkerze herein und stellt sie mitten in den Kreis.

9. Die Osterkerze,
ja, zündet sie an,
weil jeder mit Jesus,
dem Herrn, leben kann!

Aus: Rolf Krenzer, »Tag für Tag und Jahr für Jahr«, Lahn-Verlag, Limburg.
Gleichnamige CD im Peter Janssens Musik Verlag, Telgte.
Zur Vorbereitung und Vertiefung kann das Bilderbuch »Wir feiern Ostern« von Heinrich Euler und Rolf Krenzer im Verlag Echter, Würzburg, herangezogen werden, das auf diesem Lied basiert.

# Wir kommen und fragen

Ein Rollenspiel

Vier Freunde Jesu suchen in Jerusalem nach Jesus. Sie erfahren von seinem Einzug in Jerusalem, von dem letzten Mahl mit seinen Jüngern, von der Gefangennahme und von seinem Tod am Kreuz. Sie erfahren aber auch, dass Jesus vom Tod auferstanden und nun bei Gott ist. Die vergeblich erscheinende Suche bringt ihnen zum Schluss die Gewissheit, dass sie Jesus doch gefunden haben, denn er selbst hat gesagt: »Ich bin immer bei euch bis ans Ende der Welt!« So finden sie die Jünger und die erste Gemeinde.

*Mitspieler:*
Vier Freunde Jesu (Männer und Frauen), zwei Handwerker, zwei Jünger, zwei Frauen, dazu Musikanten, die das Lied auf ihren Instrumenten begleiten und mitsingen.

*Kulisse:*
Eventuell großes Wandbild, das die Silhouette einer großen Stadt (Jerusalem) zeigt; das Haus, in das der Jünger geflüchtet ist, kann durch Stühle, durch Balken oder durch eine Tür angedeutet werden. In der Schlussszene können sich alle Mitspieler zu einem großen Kreis in der Mitte der Spielfläche zusammenfinden (auf den Boden setzen oder Bänke oder Stühle im Kreis aufstellen).

*Requisiten und Kostüme:*
Das Spiel kann mit angedeuteten historischen Kostümen gespielt werden, Requisiten und Kostüme sind aber letztlich für die Gestaltung nicht erforderlich, da die Aktualität des Inhalts wesentlich durch eine Gestaltung in der üblichen Alltagskleidung verdeutlicht werden kann.
Rhythmus-Instrumente sollten zur Liedbegleitung eingesetzt werden. Aber auch der Einsatz von Melodie-Instrumenten für Vor- und Zwischenspiele und zur Liedbegleitung ist möglich.
Das Lied kann von den vier Freunden, aber auch von den Musikanten oder der ganzen Gemeinde gesungen werden. Es kann ebenfalls im Wechsel (die vier Freunde singen zunächst allein, dann wiederholt die Gemeinde) vorgetragen werden.

## Wir kommen und fragen

T und M: Rolf Krenzer


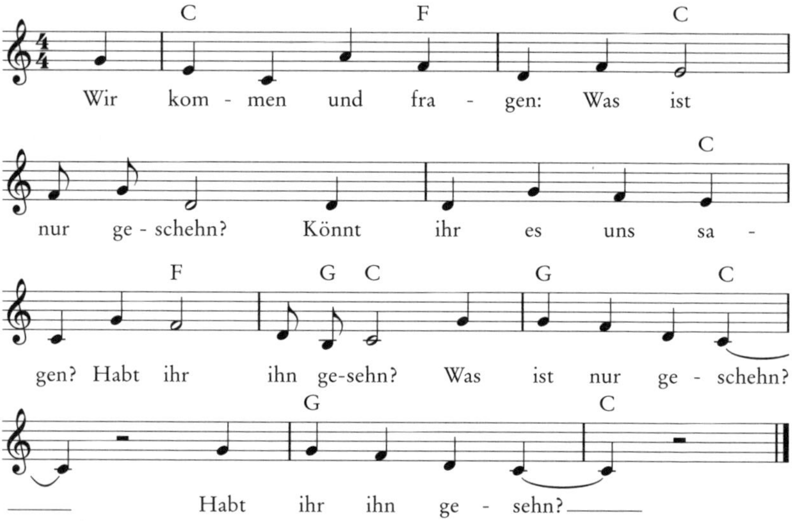


*Praktische Vorbereitungen:*
Die einzelnen Stationen der Leidensgeschichte werden durch das Erzählen, durch das Betrachten von Bildern nach und nach verdeutlicht. Das Spiel greift die wichtigen Stationen auf. Wenn das Lied bekannt ist, kann es immer wieder eingesetzt werden, um einzelne Mitspieler zu spontanen Dialogen anzuregen. Weitere Szenen können hinzukommen. Die hier gegebene Textform stellt nur *eine* Möglichkeit der Gestaltung dar, die je nach den Interessen der Spieler weiter ausgestaltet, gekürzt oder variiert werden kann.

**Spieltext**

Viele Menschen (Männer oder Frauen, Kinder und Erwachsene), die Jesus suchen, gehen langsam über die Bühne.

*Alle singen:* Wir kommen und fragen:
Was ist nur geschehn?
Könnt ihr es uns sagen?
Habt ihr ihn gesehn?
Was ist nur geschehn?
Habt ihr ihn gesehn?

*1. Freund/in:* Bleibt stehn! Jetzt sind wir in Jerusalem.

*2. Freund/in:* Hierhin ist Jesus gegangen.

*3. Freund/in:* Hier in der Stadt muss er sein.

*4. Freund/in:* Hier müssen wir ihn finden.

*1. Mann:* Dort drüben steht eine Frau. Die wollen wir fragen.

*Alle singen:* Wir kommen und fragen ...

Sie gehen auf eine Frau zu.

*2. Freund/in:* Hast du Jesus gesehen?

*Frau:* Ja, ich habe ihn gesehen! Er ist auf einem Esel in die Stadt geritten. Alle haben ihm zugejubelt. Alle haben sich gefreut.

*3. Freund/in:* Dann werden wir ihn finden!

*4. Freund/in:* Wohin ist er geritten?

*Frau:* Fragt nicht weiter! Schreckliches ist geschehen! Dort drüben in dem Haus wohnt einer. Der hat ihn gut gekannt. Geht zu ihm und fragt.

Sie schlägt die Hände vor das Gesicht.

*1. Freund/in:* Warum will sie uns nicht mehr sagen?

*2. Freund/in:* Wir wollen zu dem Haus gehen!

Sie gehen zu dem Haus und klopfen an.

*Alle singen:* Wir kommen und fragen ...

Jünger kommt vorsichtig heraus, schaut sich nach allen Seiten um.

*Jünger:* Pst! Seid still! Kommt herein!

Er zieht sie in sein Haus.

*3. Freund/in:* Hast du Jesus gesehen?

*4. Freund/in:* Was ist geschehen?

*Jünger:* Er hat uns zu einem Essen eingeladen. Wir haben zusammen gegessen und getrunken. Dann hat er gebetet.

*1. Freund/in:* Und dann?

*Jünger:* Einer hat ihn verraten!

*2. Freund/in:* Wo ist Jesus?

*Jünger:* Passt auf, da kommt jemand! Schnell, wir müssen uns verstecken!

Jünger läuft davon.
Zwei Handwerker kommen über die Bühne. Die vier Menschen öffnen die Tür und gehen hinaus. Sie halten die Handwerker an.

*3. Freund/in:* Entschuldigt bitte. Wir suchen einen Freund.

*Alle singen:* Wir kommen und fragen ...

*1. Handwerker:* Sagt ja nicht, dass ihr seine Freunde seid!

*2. Handwerker:* Wenn sie euch fangen, werden sie euch auch ins Gefängnis werfen!

*1. Handwerker:* Sie werden euch schlagen!

*2. Handwerker:* Sie werden euch foltern!

*3. Freund/in:* Warum sollten sie das tun?

*1. Handwerker:* Das haben sie auch mit ihm getan!

*2. Handwerker:* Sie haben ihn gefangengenommen!

*4. Freund/in:* Gefoltert?

*1. Handwerker:* Sie haben ihm eine Krone aufgesetzt. Eine Krone aus Dornen!

*2. Handwerker:* Er hat geblutet.

*1. Handwerker:* Sie haben ihn angespuckt.

*1. Freund/in:* Wo ist Jesus jetzt?

*2. Freund/in:* Wo ist unser Freund?

*1. Handwerker:* Seid doch nicht so dumm! Sprecht nicht so laut!

*2. Handwerker:* Ich sage nichts mehr! Ich will damit nichts zu tun haben!

*1. Handwerker:* Komm, gehen wir weiter!

*2. Handwerker:* Seht ihr dort drüben die Frau? Sie ist bis zum Schluss dabei gewesen! Ich war nicht dort.

*1. Handwerker:* Fragt die Frau!

Handwerker gehen.
Die Freunde bzw. Freundinnen gehen langsam weiter.

*Alle singen:* Wir kommen und fragen ...

*Frau:* Ja, es ist geschehen!
Sie haben ein Kreuz aufgestellt. Ein großes Holzkreuz. So groß und mächtig, dass sie ihn dort aufhängen konnten. Sie haben ihn an das Kreuz genagelt.

*3. Freund/in:* Sie haben ihn getötet?

*Frau:* Da waren zwei Verbrecher. Die sind auch am Kreuz gestorben.

*4. Freund/in:* Hat Jesus noch etwas gesagt?

*1. Freund/in:* Eine Nachricht?

*2. Freund/in:* Er ist doch viel mächtiger als sie alle! Warum hat er sich das gefallen lassen?

*3. Freund/in:* Er hat doch allen geholfen. Warum hat er sich nicht selbst befreit?

*Frau:* Er sagte: Vater, vergib ihnen! Sie wissen nicht, was sie tun.

*4. Freund/in:* Gestorben! Am Kreuz gestorben!

*1. Freund/in:* Wir sind zu spät gekommen!

*2. Freund/in:* Wir können ihn nicht mehr finden!

*Frau:* Kommt mit!

*3. Freund/in:* Was sollen wir noch hier?

*4. Freund/in:* Jesus ist tot.

*Frau:* Kommt mit!

*1. Freund/in:* Wohin?

*Frau:* Zu Freunden! Hört, was sie euch zu sagen haben! Kommt mit!

Sie führt die Freunde bzw. Freundinnen über die Bühne bis zu einem Kreis, wo viele Menschen versammelt sind.

*1. Jünger:* Kommt zu uns!

*2. Jünger:* Ihr habt nach Jesus gefragt?

*2. Freund/in:* Wir haben ihn gesucht. Aber er ist tot.

*1. Jünger:* Er ist nicht tot!

Die Freunde deuten auf die Frau.

*3. Freund/in:* Sie hat es gesagt!

*2. Jünger:* Sie hat Recht!

*1. Jünger:* Sie haben ihn in ein Grab gelegt. Aber dann ...

*3. Freund/in:* Was war dann?

*1. Jünger:* Er blieb nicht im Grab!

*2. Jünger:* Er ist vom Tod auferstanden!

*1. Jünger:* Er war stärker als der Tod!

*2. Jünger:* Er ist nicht mehr tot!

*4. Freund/in:* Er ist nicht mehr tot?

*1. Freund/in:* Er lebt?

*1. Jünger:* Ja, er lebt!

*2. Jünger:* Wir haben ihn gesehen!

*3. Freund/in:* Wo ist er? Wir wollen zu ihm!

*1. Jünger:* Er ist nicht mehr hier!

*2. Jünger:* Er ist bei Gott. Er ist bei seinem Vater!

*1. Jünger:* Aber er hat gesagt: Ich bin immer bei euch!

*1. Freund/in:* Erzählt uns von ihm!

*2. Freund/in:* Erzählt uns mehr von ihm!

*3. Freund/in:* Wir wissen so wenig!

*1. Jünger:* Ja, immer. Heute, morgen, übermorgen ... immer!

Alle stehen auf und singen das Osterlied:

## Große Leute, kleine Leute

T: Rolf Krenzer
M: Paul G. Walter

2. An das Kreuz ward er geschlagen,
er war tot, doch nach drei Tagen
wissen wir, dass Jesus Christ
auferstanden, auferstanden,
wirklich auferstanden ist.

3. Das konnt' einem nur gelingen,
einer konnt' den Tod bezwingen.
Singt mit uns, dass Jesus Christ
auferstanden, auferstanden,
wirklich auferstanden ist.

**Alphabetisches Verzeichnis der Lieder**

1. Am Kreuz gestorben
2. Da kam ein Mann des Wegs daher
3. Das Wunder vom Teich Betesda
4. Der Bettler dort am Straßenrand
5. Die im Dunkeln stehn
6. Die Stillung des Seesturmes
7. Die Tiere kommen
8. Dieser Sohn, jener Sohn
9. Durchs Tor geritten (Osterlied)
10. Ein Bauer geht aufs Feld hinaus
11. Ein bunter Regenbogen
12. Es lädt ein Mann zum Festmahl ein
13. Für die Sonne woll'n wir singen
14. Große Leute, kleine Leute
15. Hört und seht
16. Ich male eine Sonne
17. Ihr braucht nicht ängstlich sein
18. Ja, seht den stolzen Peter
19. Jesus und die Kinder
20. Kommt in das Schiff hinein!
21. Mein Schäfchen, mein Schäfchen
22. Mein Schaf hat sich verlaufen
23. Ob ihr wisst, wie die Welt entstanden ist?
24. Regenbogenlied
25. Seht, die Spatzen auf dem Feld
26. Singt mit uns von der Weihnachtsnacht
27. So gehn wir mit dir
28. So war das in Jericho
29. Von dem Kind im Stroh
30. Wenn wir zum großen Fest heut gehn
31. Wir kommen und fragen
32. Zwei Menschen gehn von Tür zu Tür

**Quellennachweis/Bezugsquellen**

Lied-Nummern siehe alphabetisches Verzeichnis Seite 186

Lied Nr. 1, 4, 8, 12, 15, 21, 27 und 32 aus: MC und Liedheft PGW 033 »Jesus lädt die Kinder ein«, Lied Nr. 14 aus: MC + Liedheft PGW 024 »Gott, du bist ja bei mir«,
**Musikbär-Verlag Paul G. Walter, Eichenweg 15,**
**69198 Schriesheim.**

Lied Nr. 2 aus: Buch/CD »Gottes-Kinder-Lieder«,
Lied Nr. 3 aus: CD/MC/Heft »Nimm Platz an unserm Tisch«,
Lied Nr. 25 aus: Buch »Wenn wir uns die Hände reichen«,
**Kontakte Musikverlag, Windmüllerstr. 31, 59557 Lippstadt.**

Lied Nr. 6 und 19 aus: Buch, CD/MC »Jesus, Freund der Kinder«,
Lied Nr. 25 und 26 aus: CD/MC »Wir warten und warten«,
Lied Nr. 30 aus: Buch, CD/MC »Mit uns erlebst du was!«
**Lahn-Verlag, Postfach 1562, 65535 Limburg.**

Lied Nr. 7 aus: »Noah unterm Regenbogen« 1984,
Lied Nr. 9 aus: »Tag für Tag und Jahr für Jahr« 1996,
Lied Nr. 11 und 22 aus: »Kommt alle und seid froh« 1982,
Lied Nr. 13 aus: »Für das Leben wollen wir singen« 1987,
Lied Nr. 17 aus: »Von Jesus will ich singen« 1987,
**Peter Janssens Musik Verlag, Warendorfer Str. 1, 48291 Telgte.**

Lied Nr. 10
**Menschenkinder Verlag, An der Kleimannbrücke 97,**
**48157 Münster.**

Lied Nr. 16 aus: CD/MC + Notenheft »Freue dich auf jeden Tag«,
**ABAKUS Musik Barbara Fietz, Haversbach 1,**
**35753 Greifenstein.**

# Notizen zu den Theaterstücken

# Notizen zu den Theaterstücken

In der Reihe »Kleine Theaterstücke für Kindergarten und Grundschule« bereits erschienen:

Rolf Krenzer

**Wir spielen unsere Welt**

20 kleine Theaterstücke mit 32 Liedern zum Thema aus der nächsten Erlebniswelt der Kinder.
ISBN 3-7840-3172-2

In Vorbereitung:

Rolf Krenzer

**Wir spielen zum Kirchenjahr**

Kleine Theaterstücke zu Ostern, Pfingsten, zum Erntedankfest, Martinstag, Nikolaustag, Advent und Weihnachten.

**Lahn-Verlag · Postfach 1562 · D-65535 Limburg**